中国印刷业发展报告

(2021)

李治堂　罗荣华　编著

文化发展出版社
Cultural Development Press

·北京·

图书在版编目（CIP）数据

中国印刷业发展报告. 2021 / 李治堂，罗荣华编著 — 北京：文化发展出版社，2022.6
　ISBN 978-7-5142-3754-2

Ⅰ. ①中… Ⅱ. ①李… ②罗… Ⅲ. ①印刷工业－工业发展－研究报告－中国 Ⅳ. ①F426.84

中国版本图书馆CIP数据核字(2022)第082347号

中国印刷业发展报告（2021）

李治堂　罗荣华　编著

出 版 人：武　赫	
责任编辑：朱　言	责任校对：岳智勇
责任印制：邓辉明	责任设计：韦思卓

出版发行：文化发展出版社（北京市翠微路2号 邮编：100036）
发行电话：010-88275993　　010-88275711
网　　址：www.wenhuafazhan.com
经　　销：全国新华书店
印　　刷：北京捷迅佳彩印刷有限公司

开　　本：787mm×1092mm　　1/16
字　　数：194千字
印　　张：11
版　　次：2022年12月第1版
印　　次：2022年12月第1次印刷

定　　价：59.00元
ＩＳＢＮ：978-7-5142-3754-2

◆ 如有印装质量问题，请与我社印制部联系　电话：010-88275720

Preface 前 言

我国是印刷大国，拥有充满发展活力和发展潜力的印刷市场。根据统计数据，2020年，我国有各类印刷企业9.7万多家，工业总产值接近1.3万亿元，受新冠肺炎疫情影响，总产值比2019年略有下降。总体来看，近几年我国印刷业增速有所下降，由高速增长阶段转向高质量发展阶段，印刷业在结构调整和转型升级中发展水平与效益不断提升，继续朝着印刷强国奋勇迈进。

我国印刷业"十四五"时期发展专项规划提出，到2035年建成印刷强国。实现印刷大国向印刷强国的转变，需要政府、行业协会、企业、高校、研究机构等各单位的密切合作和共同努力。北京印刷学院作为国内唯一专门为出版传媒全产业链培养人才的全日制高水平特色型高等院校，以服务包括印刷业在内的出版传媒产业的发展为使命。高等学校可以充分发挥人才和研究优势，关注行业发展问题，持续开展研究，指导行业发展，发挥行业专家库和智囊团的作用。北京印刷学院印刷业发展研究团队近年来致力于印刷业产业发展问题研究，形成了一支由教授、副教授、研究生等为主体的研究团队，先后主持和参与完成了国家社科基金重大项目子课题、教育部发展报告项目、北京社科基金项目等省部级项目6项，研究成果被行业主管部门和行业协会采纳，《中国印刷业发展报告》版权输出到国外，并获得教育部高等学校科学研究优秀成果三等奖。

本报告由综合报告和专题报告组成，共包括1个综合报告和3个专题报告。综合报告全面分析了我国印刷业发展概况、规模以上印刷企业发展情况、国有及国有控股印刷企业发展情况、民营印刷企业发展情况、外商投资印刷企业发展情况和大中型印刷企业发展情况。专题报告1利用月度数据，分析了规模以上印刷企业的运行情况。专题报告2分析了重点省市印刷业发展情况。专题报告3分析了印刷业的产业关联和结构变化。

李毅女士为本书出版尽心尽力，做了大量耐心细致的工作，在此表达真诚的谢意！

由于作者水平所限，错误或不当之处在所难免，敬请专家和读者批评指正。

李治堂

2022年2月

Contents

目 录

第一部分　中国印刷业发展综合报告

第1章　印刷业发展概况 / 2

1.1　印刷业发展的宏观经济环境 / 2

1.2　我国印刷业发展现状 / 4

1.3　我国印刷业发展态势 / 6

第2章　规模以上印刷企业发展情况 / 10

2.1　规模以上工业企业指标分析 / 10

2.2　 规模以上印刷企业指标分析 / 12

2.3　规模以上工业企业与印刷企业指标比较分析 / 14

第3章　国有及国有控股印刷企业发展情况 / 16

3.1　国有及国有控股工业企业指标分析 / 16

3.2　国有及国有控股印刷企业指标分析 / 18

3.3　国有及国有控股工业企业与印刷企业指标比较分析 / 20

第4章　民营印刷企业发展情况 / 22

4.1　民营工业企业指标分析 / 22

4.2　民营印刷企业指标分析 / 24

4.3　民营工业企业与印刷企业指标比较分析 / 25

第5章　外商投资印刷企业发展情况 / 27

5.1　外商投资工业企业指标分析 / 27

5.2　外商投资印刷企业指标分析 / 29

5.3　外商投资工业企业与印刷企业指标比较分析 / 30

第6章　大中型印刷企业发展情况 / 32

6.1　大中型工业企业指标分析 / 32

6.2　大中型印刷企业指标分析 / 34

6.3　大中型工业企业与印刷企业指标比较分析 / 35

第二部分　专题报告1——规模以上印刷企业运行状况分析

第7章　规模以上印刷企业整体运行状况分析 / 38

7.1　工业生产者价格指数变化分析 / 38

7.2　工业增加值增长率 / 40

7.3　工业出口交货值及增长率 / 43

7.4 企业及亏损企业数 / 46

第8章 工业企业与印刷和记录媒介复制业企业生产经营状况分析 / 49

  8.1 工业企业与印刷和记录媒介复制业企业流动资产及增长率 / 49

  8.2 工业企业与印刷和记录媒介复制业企业应收账款及增长率 / 51

  8.3 工业企业与印刷和记录媒介复制业企业存货及增长率 / 52

  8.4 工业企业与印刷和记录媒介复制业企业产成品及增长率 / 54

  8.5 工业企业与印刷和记录媒介复制业企业总资产及增长率 / 56

  8.6 工业企业与印刷和记录媒介复制业企业总负债及增长率 / 58

  8.7 工业企业与印刷和记录媒介复制业企业营业收入及增长率 / 60

  8.8 工业企业与印刷和记录媒介复制业企业营业成本及增长率 / 62

  8.9 工业企业与印刷和记录媒介复制业企业销售费用及增长率 / 64

  8.10 工业企业与印刷和记录媒介复制业企业管理费用及增长率 / 66

  8.11 工业企业与印刷和记录媒介复制业企业财务费用及增长率 / 68

  8.12 工业企业与印刷和记录媒介复制业企业营业利润及增长率 / 70

  8.13 工业企业与印刷和记录媒介复制业企业利润总额及增长率 / 72

  8.14 工业企业与印刷和记录媒介复制业企业平均用工人数及增长率 / 74

第三部分 专题报告2——重点省市印刷业发展状况

第9章 北京市印刷业发展状况分析 / 78

  9.1 北京市规模以上印刷企业指标分析 / 78

9.2　规模以上国有及国有控股印刷企业指标分析 / 79

9.3　北京市港澳台及外商投资印刷企业指标分析 / 80

9.4　北京市大中型印刷企业指标分析 / 82

第10章　山东省印刷业发展状况分析 / 84

10.1　山东省规模以上印刷企业指标分析 / 84

10.2　山东省规模以上国有及国有控股印刷企业指标分析 / 85

10.3　山东省港澳台及外商投资印刷企业指标分析 / 86

10.4　山东省民营印刷企业指标分析 / 87

第11章　河南省印刷业发展状况分析 / 89

11.1　河南省规模以上印刷企业指标分析 / 89

11.2　河南省规模以上国有及国有控股印刷企业指标分析 / 90

11.3　河南省规模以上公有制印刷企业指标分析 / 91

11.4　河南省规模以上民营印刷企业指标分析 / 93

第12章　广东省印刷业发展状况分析 / 94

12.1　广东省规模以上印刷企业指标分析 / 94

12.2　广东省规模以上国有控股印刷企业指标分析 / 95

12.3　广东省规模以上股份制印刷企业指标分析 / 96

12.4　广东省规模以上"三资"印刷企业指标分析 / 98

12.5　广东省规模以上民营印刷企业指标分析 / 99

12.6　广东省规模以上大中型印刷企业指标分析 / 100

第13章　浙江省印刷业发展状况分析／102

13.1　浙江省规模以上印刷企业指标分析／102

13.2　浙江省规模以上国有控股印刷企业指标分析／103

13.3　浙江省规模以上"三资"印刷企业指标分析／104

13.4　浙江省规模以上民营印刷企业指标分析／106

13.5　浙江省规模以上大中型印刷企业指标分析／107

第14章　江苏省印刷业发展状况分析／109

14.1　江苏省规模以上印刷企业指标分析／109

14.2　江苏省规模以上国有控股印刷企业指标分析／110

14.3　江苏省规模以上"三资"印刷企业指标分析／111

14.4　江苏省规模以上民营印刷企业指标分析／112

14.5　江苏省规模以上大中型印刷企业指标分析／114

第四部分　专题报告3——印刷业产业关联和结构分析

第15章　印刷应用市场需求产业关联分析／116

15.1　投入产出法概述／116

15.2　印刷业与其他产业的后向关联效应／118

15.3　印刷业与其他产业的前向关联效应／123

15.4　印刷业的产业波及效应分析／128

15.5　总结／138

第16章　印刷业结构与变化分析／140

　　16.1　出版物印刷发展指标分析／140

　　16.2　包装装潢印刷发展指标分析／147

　　16.3　其他印刷发展指标分析／153

　　16.4　印刷业总产值和增加值构成／154

表索引／157

图索引／163

第一部分
中国印刷业发展综合报告

第1章 印刷业发展概况

1.1 印刷业发展的宏观经济环境

印刷业作为国民经济的组成部分,其发展必然受到宏观经济环境的影响。近年来,我国经济由高速增长阶段进入高质量发展阶段,供给侧结构性改革和经济结构性调整不断深化,2020年初,突如其来的新冠肺炎疫情给经济和社会发展带来较大的冲击。宏观经济发展状况对印刷业发展具有重要影响,既给印刷业的发展提供了条件和空间,也给印刷业的结构调整与转型升级提出要求。

2020年,在新冠肺炎疫情造成严重不利影响的情况下,我国经济仍实现了一定的增长。全年国内生产总值1015986亿元,比上年增长2.3%。其中,第一产业增加值77754亿元,增长3.0%;第二产业增加值384255亿元,增长2.6%;第三产业增加值553977亿元,增长2.1%。国民总收入1009151亿元,比上年增长1.9%。全国万元国内生产总值能耗比上年下降0.1%。预计全员劳动生产率为117746元/人,比上年提高2.5%。

新产业新业态新模式逆势成长。2020年规模以上工业中,高技术制造业增加值比上年增长7.1%,占规模以上工业增加值的比重为15.1%;装备制造业增加值增长6.6%,占规模以上工业增加值的比重为33.7%。全年规模以上服务业中，战略性新兴服务业企业营业收入比上年增长 8.3%。全年高技术产业投资比上年增长 10.6%。

2020 年全部工业增加值 313071 亿元，比上年增长 2.4%。规模以上工业增加值增长 2.8%。全年规模以上工业企业利润 64516 亿元，比上年增长 4.1%。全年全社会固定资产投资 527270 亿元，比上年增长 2.7%。全年全国居民人均可支配收入 32189 元，比上年增长 4.7%，扣除价格因素，实际增长 2.1%。全国居民人均可支配收入中位数 27540 元，增长 3.8%。全年全国居民人均消费支出 21210 元，比上年下降 1.6%，扣除价格因素，实际下降 4.0%。全年货物进出口总额 321557 亿元，比上年增长 1.9%。其中，出口 179326 亿元，增长 4.0%；进口 142231 亿元，下降 0.7%。

2020 年，我国经济受新冠肺炎疫情及国际贸易形势的影响，经济增速有一定程度的下降，投资增长幅度较小，一些传统制造业存在产能过剩的情况，投资增长乏力，出口有一定的增长，但是基础还不牢固，不确定性因素较多，居民人均消费支出比上年下降，国内市场需求受到一定的影响。

2021 年前三季度，在国家的坚强领导下，各地区各部门认真贯彻落实党中央、国务院决策部署，统筹推进疫情防控和经济社会发展，我国经济保持稳步恢复，发展质量进一步提高。前三季度，我国 GDP 为 823131 亿元，按不变价格计算，同比增长 9.8%，两年平均增长 5.2%。其中，第一产业增加值为 51430 亿元，同比增长 7.4%，两年平均增长 4.8%；第二产业增加值为 320940 亿元，同比增长 10.6%，两年平均增长 5.7%；第三产业增加值为 450761 亿元，同比增长 9.5%，两年平均增长 4.9%。前三季度，工业，批发和零售业，交通运输、仓储和邮政业，住宿和餐饮业，信息传输、软件和信息技术服务业发展较快，增加值同比分别增长 12.0%、13.5%、15.3%、19.4% 和 19.3%，合计拉动经济增长 6.6 个百分点，对经济增长的贡献率达 67.7%。

消费保持平稳增长，是拉动经济增长的主要动力。受国内疫情等因素影响，居民出行、娱乐等消费需求受到抑制，但消费持续恢复态势没有改变，仍保持稳定增长。2021 年前三季度，最终消费支出对经济增长贡献率为 64.8%，拉动 GDP 增长 6.3 个百分点，两年平均拉动 GDP 增长 2.3 个百分点。其中，三季度最终消费支出对经济增长贡献率为 78.8%，拉动 GDP 增长 3.8 个百分点，两年平均拉动 GDP 增长 2.6 个百分点。前三季度，全国居民人均消费支出实际增长 15.1%，两年平均实际增长 3.7%。

投资需求基本稳定,助力经济平稳运行。受 2020 年同期基数影响,加之房地产金融和土地等调控政策效应显现,固定资产投资稳中趋缓。前三季度,资本形成总额对经济增长贡献率为 15.6%,拉动 GDP 增长 1.5 个百分点,两年平均拉动 GDP 增长 1.7 个百分点。其中,三季度资本形成总额对经济增长贡献率为 -0.6%,两年平均拉动 GDP 增长 1.1 个百分点。前三季度,全国固定资产投资(不含农户)同比增长 7.3%,两年平均增长 3.8%。

净出口需求快速增长,是经济的有力支撑。虽然 2021 年以来外部环境更趋复杂严峻,但外贸进出口继续保持较快增长,展现了较强韧性。前三季度,货物和服务净出口对经济增长贡献率为 19.5%,拉动 GDP 增长 1.9 个百分点,两年平均拉动 GDP 增长 1.1 个百分点。其中,三季度货物和服务净出口对经济增长贡献率为 21.7%,拉动 GDP 增长 1.1 个百分点,两年平均拉动 GDP 增长 1.2 个百分点。据海关统计,前三季度,我国货物贸易顺差 2.8 万亿元,顺差同比扩大;据外汇管理局统计,1—8 月,我国国际收支口径的国际服务贸易逆差 3991.9 亿元,逆差同比明显收窄。

创新引领带动作用日益凸显,新兴产业发展向好。前三季度,规模以上高技术制造业和装备制造业增加值同比分别增长 20.1% 和 16.2%,分别高于全部规模以上工业增加值增速 8.3 和 4.4 个百分点。服务业重点领域企业营业收入保持正增长,1—8 月,规模以上高技术服务业和科技服务业营业收入同比分别增长 22.0% 和 22.6%;两年平均分别增长 15.4% 和 15.0%,分别高于全部规模以上服务业营业收入两年平均增速 4.7 和 4.3 个百分点。网络零售保持恢复性增长,前三季度,全国实物商品网上零售额同比增长 15.2%,两年平均增长 15.3%,拉动社会消费品零售总额增长 3.6 个百分点。

1.2 我国印刷业发展现状

印刷业是我国出版业的重要组成部分,是社会主义文化繁荣兴盛的重要推动力量,是国民经济的重要服务支撑。印刷业作为国民经济配套性行业,其发展与国民经济息息相关。截至 2019 年底,我国共有各类印刷企业 9.7 万家,从业人员 258 万人,实现总产值 1.3 万亿元。目前,我国印刷业总产值和增加值均居世界首位，成为名副其实的世界第一印刷大国。中国拥有世界最大的印刷应用市场，也是最具发展潜力和活力的印刷市场。

如表1-1所示，近5年来，虽然我国印刷业增长速度有一定下滑，但是印刷业的整体规模仍保持扩大趋势，2019年印刷业总产值达到1.3万亿元。

表1-1 2015—2019年我国印刷业总产值及增长情况

年度	印刷业总产值/亿元	增长率/%
2015	11246.20	3.6
2016	11544.70	2.7
2017	12057.70	4.4
2018	12700.00	5.3
2019	13000.00	2.4

数据来源：根据印刷业年检数据和公开数据整理

如表1-2所示，根据中国新闻出版业发展报告，2019年印刷业实现营业收入13624.72亿元，比2018年增长0.6%。其中出版物印刷实现营业收入1715.17亿元，占印刷业总体的12.4%，比2018年增长0.21%，包装装潢印刷实现营业收入10860.3亿元，占比78.7%，比2018年增长1.63%，其他印刷实现营业收入1049.25亿元，占比7.6%，比2018年下降6.38%。

表1-2 印刷业营业收入构成及增长率

项目	2018年			2019年		
	营业收入/亿元	占比/%	增长率/%	营业收入/亿元	占比/%	增长率/%
出版物印刷	1711.51	12.5	2.46	1715.17	12.4	0.21
包装装潢印刷	10686.45	77.8	5.05	10860.3	78.7	1.63
其他印刷	1120.75	8.2	2.29	1049.25	7.6	-6.38
印刷业合计	13518.71		4.34	13624.72		0.60

数据来源：中国新闻出版业发展报告

2020年，印刷业在新冠肺炎疫情及行业结构性调整的双重影响下，经营面临较大的困难，行业营业收入和利润总额双双下降。根据国家新闻出版署发布的《2020年新闻出版产业分析报告》，2020年，全国印刷业实现营业收入11991.0亿元，比2019年下降13.1%，利润总额555.0亿元，比2019年下降

28.3%。与 2019 年相比，出版物印刷、包装装潢印刷、其他印刷品印刷营业收入均出现不同程度的下降。

1.3 我国印刷业发展态势

我国深入推进"四个全面"战略布局和"五位一体"总体布局，科学判断中国经济由高速增长阶段转向高质量发展阶段，提出创新、协调、绿色、开放、共享的发展理念，积极推进供给侧结构性改革，经济进入转型升级发展阶段。印刷业"十三五"时期发展规划提出了印刷业"十三五"时期的发展目标。在"十三五"期间，贯彻"创新、协调、绿色、开放、共享"五大发展理念，推动我国印刷业加快"绿色化、数字化、智能化、融合化"发展，促进产业结构优化升级，提高规模化集约化专业化水平，实现由印刷大国向印刷强国的初步转变。近几年来，印刷业积极贯彻中央决策部署，贯彻五大发展理念，适应产业技术变革，抓住机遇，迎难而上，在绿色化、数字化、智能化、融合化发展方面取得积极成绩。

印刷绿色化发展成效显著。绿色印刷意识普遍提高，绿色印刷标准不断完善，获得绿色印刷认证的企业不断增加，绿色印刷产品所占比重不断提高，绿色印刷效益逐步显现。2011 年，环境保护部和原国家新闻出版总署共同发布关于实施绿色印刷的公告，绿色印刷进入快速发展轨道。党的"十八大"以后，中央提出五大发展理念，加快生态文明建设，严格环保标准，对环保治理提出了一系列的要求，并采取了严格的治理措施，广大印刷企业积极响应国家发展绿色印刷要求，加大源头治理的强度，积极实施绿色印刷和绿色印刷认证，出版物印刷率先在中小学教材印刷方面实现绿色印刷，带动了包装印刷、票据印刷等其他印刷品的绿色化。截至 2018 年底，已有超过 2000 家企业通过了绿色印刷认证。

数字印刷快速发展。由于数字印刷在个性化印刷、按需印刷以及小批量印刷方面的优势，数字印刷已在出版、广告、商业、票据、标签、包装等领域得到广泛应用，印刷业数字化水平明显提升。大幅面、高产能喷墨设备不断投入使用，数字印刷继续向工业化应用迈进。除了印刷阶段，数字设备在印后阶段也得到越来越多的应用。数字印刷设备的应用，促进了多品种、小批量、个性化印刷业务的迅速发展。数字化技术在出版物印刷领域发展迅速，支持了图书等出版物的按需印刷。根据《2018中国印刷业年度报告》，2012年，我国数字印刷产值为57亿元，2016年，数字印刷产值达到358亿元，4年时间增长了300亿元，数字印刷市场发展速度较快。2018年，全球印刷市场规模达到1800多亿美元，占整个印刷市场的五分之一以上。与此相比，中国数字印刷市场还处于市场成长期，未来仍有较大的发展空间。2020年喷墨数字印刷机装机量有大幅增长，因此2020年也被称为数字印刷的元年，2020年数字印刷总产值超过800亿元。

印刷业的智能化不断推进。无论是出版物印刷还是包装装潢印刷和其他印刷，智能化水平都在不断提高，利用先进的信息技术提高生产过程的自动化和智能化水平，减少人员投入，提高工作效率是印刷企业不断追求的方向。近几年来，国内一些领先的出版物印刷企业在智能化发展方面加大投入，积极实践和探索，取得了一定的成绩。例如，虎彩印刷引进按需出版印刷生产线，解决图书"断版"问题，真正实现"一本起印"。虎彩在前端与出版社、京东合作，创新性地打通按需出版的渠道销售环节，建立内容提供商（出版社）、销售渠道商（京东）与智能制造商（虎彩）协同的订单、文件平台，实现按需出版流程信息化贯通，在后端则整合虎彩一本书起印生产能力与京东高效物流体系，建立虎彩京东协同生产仓，将京东订单实时生产交货，通过提高快递交付能力，降低内容提供商及销售渠道商库存，建立以销定产的出版新模式，增强按需模式在出版行业的整体竞争力。作为国内最大的出版物印刷生产基地，近年来，鹤山雅图仕印刷有限公司在生产自动化、智能化方面投入不菲。通过创新和自主研发，雅图仕配置了柔性自动化设备，进一步优化和提升生产线自动化程度，获得了整体产能和效率的有效改善。据统计，2014—2017年，企业累计整体产能和效率提升超过45%。2018年9月8日，由国家新闻出版署主办的首届中国印刷业创新大会在北京举行，在本次大会上，"一本图书印刷智能制造测试线"正式启动建设。"一本图书印刷智能制造测试线"作为我国出版物印刷智能化建设的重要尝试，由中国印刷科学技术研究院牵头，联合国内的电商平台、出版机构、印刷企业、印刷设备厂商和软件系统厂商等14家单位共同建设，致力于贯穿从电商、出版、印刷企业、物流到销售全产业链的一本图书智慧生态链平台——印刷智能制造信息共享平台的建设，以及印刷企业从订单、计划、采购、生产到交付的印刷智能制造生产线的建设。2019年7月26日，由中国印刷科学技术研究院牵头，联合国内出版机构、印刷企业、印刷设备厂商、软件系统厂商和电商平台等14家单位共同建设的"一本图书印刷智能制造测试线"，在第二届印刷创新大会举办期间正式连线生产。目前，一些印刷企业正在投资建设智能印刷工厂，在人工智能等先进技术的推动下，印刷企业正朝着智能化的智慧工厂前进。

融合发展推动印刷业转型升级。在数字化、网络化、智能化的推动下，融合发展成为推动印刷业转型升级的重要方式。印刷是文化产业的一部分，也是信息产业的一部分，还具有很强的服务特性和艺术特性，因此，印刷需要突破传统的加工制造的制造业界限，和科技融合，和文化艺术融合，和互联网融合，创新产品和服务，创新业态和商业模式，实现融合发展。2017年3月，原国家新闻出版广电总局印发了《印刷业"十三五"时期发展规划》，明确了印刷业"绿色化、数字化、智能化、融合化"的发展方向。融合化就是要突破传统产业的边界以及产业运行同质化的制约，汇集发展所需资源要素，优化资源配置，推动制度创新，培育新的科技发展动能，促进产业升级和转型。在市场需求拉动和政策的推动以及企业自身发展需要的驱动下，一些印刷企业在融合发展方面进行积极探索，取得了一定的成绩。例如，雅昌集团创造性地提出"IT+文化+艺术"的商业模式，重新定义了印刷的边界，改变了人们对传统印刷的认知，促进了印刷与技术、文化、艺术的深度融合，达到了很好的效果。上海印刷集团开始由传统印刷出版服务商向文创产品供应商的转变，注重将其特有的印刷出版资源融于文创产品的深度链条开发中，其注册的文创品牌"尚映"深受市场欢迎。在商业模式创新方面，印刷电商、合版印刷、按需印刷蓬勃发展，涌现出了一批新兴企业，如阳光印网、世纪开元、盛大印刷、虎彩印艺、江苏凤凰印务等。目前，我国已有印刷电商平台超过300家，成立8年的阳光印网已拥有30多万家固定企业级客户，1万余家供应厂商，其中有60%~70%为印刷企业。

2020年，突如其来的新冠肺炎疫情给印刷业发展带来新的挑战。在党中央的坚强领导下，我国印刷业认真做好统筹、做好疫情防控和生产经营工作，确保重点印刷任务的完成。国家新闻出版署于2020年初印发《关于做好2020年印刷复制发行管理工作的通知》，对完善重点出版物印刷保障机制进行了部署。各地方政府和印刷业主管部门积极支持印刷企业复工复产，提供资金和政策支持，促进了印刷业的正常经营，一批印刷企业积极应对疫情挑战，加快推进"互联网＋印刷"商业模式创新和自动化、智能化改造，印刷业抗风险能力进一步提升。2020年10月，国家新闻出版署成功举办中国印刷业创新大会，总结"十三五"印刷业发展成就，谋划"十四五"印刷业发展。

印刷业"十四五"时期发展专项规划提出，到"十四五"期末，印刷业总产值超过1.5万亿元，人均产值超过65万元。数字印刷、印刷智能制造、印刷互联网平台、功能性包装印刷、绿色技术材料等新动能持续增强。印刷业产业结构持续优化、创新能力明显增强、区域布局更加均衡、国际合作拓展深化。

第 2 章　规模以上印刷企业发展情况

根据国家统计局的统计标准，规模以上工业企业是指年营业收入在 2000 万元以上的工业企业。规模以上工业企业代表了工业的主体和主要方面，通过规模以上工业企业发展状况分析，基本可以把握工业企业的发展规模、效益及变化的趋势。

2.1　规模以上工业企业指标分析

如表 2-1 所示，截至 2020 年底，全国共有规模以上工业企业 399375 家，资产总计 1303499.3 亿元，营业收入 1083658.4 亿元，创造利润总额 68465.0 亿元，平均用工人数 7756.10 万人。

如表 2-2 所示，2016—2020 年，规模以上工业企业资产、负债指标仍保持增长，营业收入、营业成本、利润总额出现波动，平均用工人数逐年下降，这一方面说明规模以上工业企业经营受到短期因素和长期因素的影响，另一方面也反映出由于用工成本上升和自动化程度提高导致整体用工人数不断下降，劳动生产率有所提高。

表 2-1 规模以上工业企业主要经济指标

年度	企业单位数/个	资产总计/亿元	负债合计/亿元	营业收入/亿元	营业成本/亿元	利润总额/亿元	平均用工人数/万人
2016	378599	1085865.94	606641.53	1158998.52	984668.37	71921.43	9475.57
2017	372729	1121909.57	628016.30	1133160.76	956119.57	74916.25	8957.89
2018	378440	1134382.2	641273.80	1049490.50	881200.20	66351.40	7942.30
2019	377815	1205868.9	681085.10	1067397.2	891095.0	65799.0	7929.10
2020	399375	1303499.3	735385.9	1083658.4	903752.5	68465.0	7756.10

数据来源：中国统计年鉴2017—2021

表 2-2 规模以上工业企业主要经济指标增长率　　　　　　　　　　单位：%

年度	企业单位数增长率	资产总计增长率	负债合计增长率	营业收入增长率	营业成本增长率	利润总额增长率	平均用工人数增长率
2016	-1.19	6.10	4.72	4.43	4.21	8.66	-3.06
2017	-1.55	3.32	3.52	-2.23	-2.90	4.16	-5.46
2018	1.53	1.11	2.11	-7.38	-7.84	-11.43	-11.34
2019	-0.17	6.30	6.21	1.71	1.12	-0.83	-0.17
2020	5.71	8.10	7.97	1.52	1.42	4.05	-2.18

数据来源：根据中国统计年鉴数据计算

如表2-3和图2-1所示，2016—2020年，规模以上工业企业资产负债率比较稳定且处于比较合理的水平，净资产报酬率呈下降趋势，营业毛利率呈上升趋势，人均利润也呈上升趋势。

表 2-3 规模以上工业企业主要效益指标

年度	资产负债率/%	净资产报酬率/%	营业毛利率/%	人均利润/(万元/人)
2016	55.87	15.01	15.04	7.59
2017	55.98	15.17	15.62	8.36
2018	56.53	13.46	16.04	8.35
2019	56.48	12.54	16.52	8.30
2020	56.42	12.05	16.60	8.83

数据来源：根据中国统计年鉴数据计算

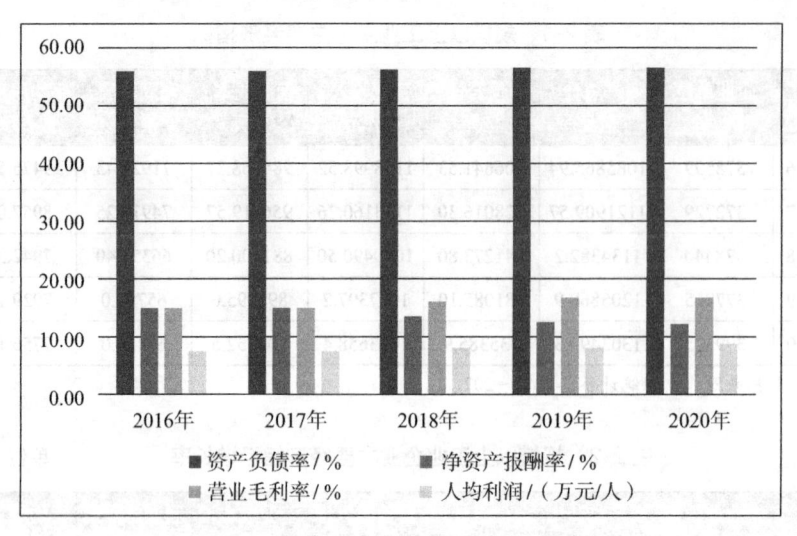

图 2-1 规模以上工业企业主要效益指标

2.2 规模以上印刷企业指标分析

如表 2-4 所示，截至 2020 年底，全国共有规模以上印刷企业 5887 家，资产总计 6381.2 亿元，营业收入 6638.3 亿元，创造利润总额 452.4 亿元，平均用工人数 81.7 万人。

表 2-4 规模以上印刷企业主要经济指标

年度	企业单位数/个	资产总计/亿元	负债合计/亿元	营业收入/亿元	营业成本/亿元	利润总额/亿元	平均用工人数/万人
2016	5578	5941.04	2553.04	8057.87	6808.69	575.22	98.71
2017	5621	5890.54	2542.04	7857.66	6636.49	542.23	95.51
2018	5706	5752.4	2576.0	6471.1	5429.7	425.6	84.5
2019	5673	5906.9	2717.9	6794.0	5612.2	469.0	85.0
2020	5887	6381.2	2924.3	6638.3	5488.9	452.4	81.7

数据来源：中国统计年鉴 2017—2021

如表 2-5 所示，在 2016—2020 年中，规模以上印刷企业数除 2019 年略有下降外，其余年度均有所增长；总资产除 2017 年、2018 年下降外，其余年度均有所增长；负债合计除 2017 年略有下降，其余年度为增长；营业收入、营业成本、利润总额、平均用工人数在 2017 年、2018 年、2020 年均出现下降。

表 2-5　规模以上印刷企业主要经济指标增长率　　　　单位：%

年度	企业单位数增长率	资产总计增长率	负债合计增长率	营业收入增长率	营业成本增长率	利润总额增长率	平均用工人数增长率
2016	2.33	7.45	6.01	8.86	9.88	-0.48	0.65
2017	0.77	-0.85	-0.43	-2.48	-2.53	-5.74	-3.24
2018	1.51	-2.35	1.34	-17.65	-18.18	-21.51	-11.53
2019	-0.58	2.69	5.51	4.99	3.36	10.20	0.59
2020	3.77	8.03	7.59	-2.29	-2.20	-3.54	-3.88

数据来源：根据中国统计年鉴数据计算

如表 2-6 和图 2-2 所示，在 2016—2020 年中，规模以上印刷企业资产负债率略有上升，2020 年有所下降，整体上资产负债率处于比较低的水平。净资产报酬率整体上呈下降趋势，营业毛利率整体上呈上升趋势，2020 年略有下降，人均利润有所波动但变化幅度不大。

表 2-6　规模以上印刷企业主要效益指标

年度	资产负债率/%	净资产报酬率/%	营业毛利率/%	人均利润（万元/人）
2016	42.97	16.98	15.50	5.83
2017	43.15	16.19	15.54	5.68
2018	44.78	13.40	16.09	5.04
2019	46.01	14.71	17.39	5.52
2020	45.83	13.09	17.31	5.54

数据来源：根据中国统计年鉴数据计算

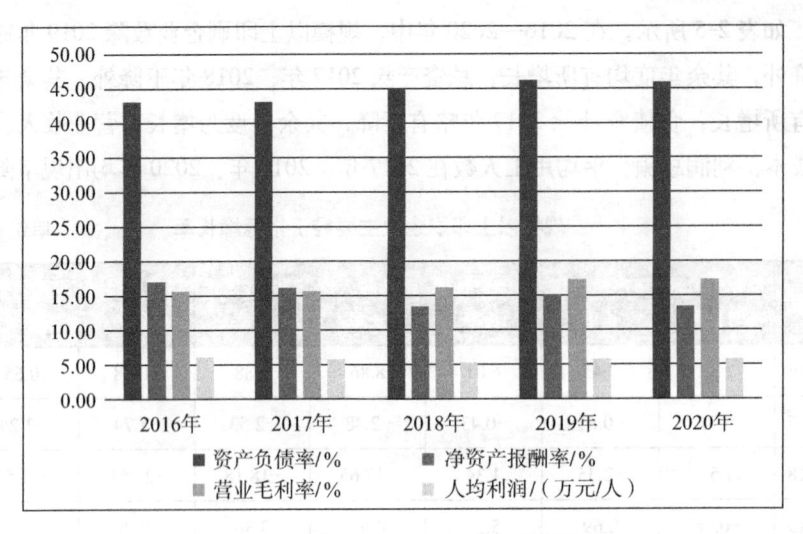

图 2-2　规模以上印刷企业主要效益指标

2.3　规模以上工业企业与印刷企业指标比较分析

如表 2-7 所示，在 2016—2020 年中，规模以上印刷企业单位数占工业企业单位数的比例基本稳定，总资产所占比重略有下降，负债所占比重稳定，营业收入、营业成本所占比重呈下降趋势，利润总额、平均用工人数所占比重有所波动。

表 2-7　规模以上印刷企业主要经济指标占工业企业的比重　　　　单位：%

年度	企业单位数百分比	资产总计百分比	负债合计百分比	营业收入百分比	营业成本百分比	利润总额百分比	平均用工人数百分比
2016	1.47	0.55	0.42	0.70	0.69	0.80	1.04
2017	1.51	0.53	0.40	0.69	0.69	0.72	1.07
2018	1.51	0.51	0.40	0.62	0.62	0.64	1.06
2019	1.50	0.49	0.40	0.64	0.63	0.71	1.07
2020	1.47	0.49	0.40	0.61	0.61	0.66	1.05

数据来源：根据中国统计年鉴数据计算

如表 2-8 所示，用规模以上印刷企业主要经济指标增长率减去规模以上工业企业主要经济指标增长率得到增长率之差，该差值若为正数，说明印刷业的各经济指标的增长率高于工业企业相应指标增长率。2018—2020 年，规模以上印刷企业单位数增长率低于工业企业单位数增长率，2017—2020 年，规模以上印刷企业总资产增长率、总负债增长率均低于工业企业相应增长率，2020 年规模以上印刷企业营业收入、营业成本、利润总额、平均用工人数增长率均低于工业企业。受新冠肺炎疫情影响，2020 年印刷企业经营面临更大的困难与不利影响，各项指标增长率均低于工业企业的增长率。

表 2-8　规模以上印刷企业主要经济指标增长率之差　　　　单位：%

年度	企业单位数增长率之差	资产总计增长率之差	负债合计增长率之差	营业收入增长率之差	营业成本增长率之差	利润总额增长率之差	平均用工人数增长率之差
2016	3.52	1.35	1.29	4.44	5.67	−9.14	3.72
2017	2.32	−4.17	−3.95	−0.26	0.37	−9.90	2.22
2018	−0.02	−3.46	−0.78	−10.26	−10.35	−10.08	−0.19
2019	−0.41	−3.62	−0.70	3.28	2.24	11.03	0.76
2020	−1.93	−0.07	−0.38	−3.82	−3.62	−7.59	−1.70

数据来源：根据中国统计年鉴数据计算

如表 2-9 所示，用印刷企业的主要经济效益指标减去工业企业主要经济效益指标，资产负债率之差若为负数，说明印刷企业资产负债率一直低于工业企业，保持比较好的偿债能力，净资产报酬率除 2018 年低于工业企业外，其余年度均高于工业企业，毛利率 2017 年低于工业企业，其余年度高于工业企业，人均利润在 2016—2020 年均低于工业企业，说明规模以上印刷企业人均创利的能力低于工业企业。

表 2-9　规模以上印刷企业主要经济效益指标之差

年度	资产负债率/%	净资产报酬率/%	毛利率/%	人均利润/（万元/人）
2016	−12.89	1.97	0.46	−1.76
2017	−12.82	1.02	−0.08	−2.69
2018	−11.75	−0.06	0.06	−3.32
2019	−10.47	2.17	0.88	−2.78
2020	−10.59	1.04	0.71	−3.29

数据来源：根据中国统计年鉴数据计算

第3章 国有及国有控股印刷企业发展情况

3.1 国有及国有控股工业企业指标分析

如表3-1所示,截至2020年底,国有及国有控股工业企业共有22072家,总资产500461.0亿元,负债289137.0亿元,2020年实现营业收入279606.8亿元,利润总额15346.1亿元,2020年平均用工人数1382.8万人。

表3-1 国有及国有控股工业企业主要经济指标

年度	企业单位数/个	资产总计/亿元	负债合计/亿元	营业收入/亿元	营业成本/亿元	利润总额/亿元	平均用工人数/万人
2016	19022	417704.16	257235.38	238990.23	196284.81	12324.34	1695.93
2017	19022	439622.86	266097.89	265393.01	216186.13	17215.49	1595.82
2018	18670	439908.8	258245.7	284730.4	232075.5	18583.1	1418.1
2019	20683	469679.9	271603.0	287707.7	235523.0	16067.8	1418.5
2020	22072	500461.0	289137.0	279606.8	229113.5	15346.1	1382.8

数据来源:中国统计年鉴2017—2021

如表 3-2 所示，2019 年和 2020 年企业单位数、总资产、总负债具有较高的增长率，利润总额在 2019 年下降幅度较大，2020 年营业收入、营业成本、利润总额、平均用工人数均下降。

表 3-2 国有及国有控股工业企业主要经济指标增长率　　　　单位：%

年度	企业单位数增长率	资产总计增长率	负债合计增长率	营业收入增长率	营业成本增长率	利润总额增长率	平均用工人数增长率
2016	-1.30	5.11	4.50	-1.11	-1.82	7.95	-4.61
2017	0.00	5.25	3.45	11.05	10.14	39.69	-5.90
2018	-1.85	0.07	-2.95	7.29	7.35	7.94	-11.14
2019	10.78	6.77	5.17	1.05	1.49	-13.54	0.03
2020	6.72	6.55	6.46	-2.82	-2.72	-4.49	-2.52

数据来源：根据中国统计年鉴数据计算

如图 3-1 和表 3-3 所示，2016—2020 年，国有及国有控股工业企业资产负债率不断下降，资产负债率整体处于比较合理的水平，净资产报酬率先升后降，于 2018 年达到最高点，营业毛利率相对比较稳定，人均利润也于 2018 年达到最高水平。

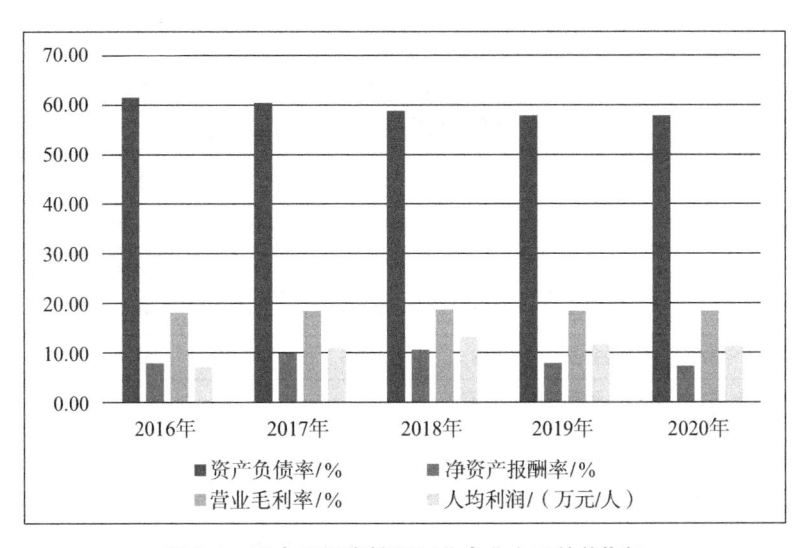

图 3-1 国有及国有控股工业企业主要效益指标

表 3-3　国有及国有控股工业企业主要效益指标

年度	资产负债率/%	净资产报酬率/%	营业毛利率/%	人均利润/(万元/人)
2016	61.58	7.68	17.87	7.27
2017	60.53	9.92	18.54	10.79
2018	58.70	10.23	18.49	13.10
2019	57.83	8.11	18.14	11.33
2020	57.77	7.26	18.06	11.10

数据来源：根据中国统计年鉴数据计算

3.2　国有及国有控股印刷企业指标分析

如表 3-4 所示，截至 2020 年底，国有及国有控股印刷企业共有 276 家，总资产 939.9 亿元，总负债 268.4 亿元，2020 年实现营业收入 572.6 亿元，利润总额 51.7 亿元，平均用工人数 7.4 万人。

表 3-4　国有及国有控股印刷企业主要经济指标

年度	企业单位数/(个)	资产总计/亿元	负债合计/亿元	营业收入/亿元	营业成本/亿元	利润总额/亿元	平均用工人数/万人
2016	284	739.52	248.96	483.32	379.20	42.61	8.88
2017	283	756.35	242.99	521.40	405.71	46.99	8.39
2018	284	766.5	239.9	581.3	441.7	65.8	8.0
2019	278	807.2	261.3	598.2	460.8	58.8	7.5
2020	276	939.9	268.4	572.6	447.7	51.7	7.4

数据来源：中国统计年鉴 2017—2021

如表 3-5 所示，2020 年，总资产增长 16.44%，利润总额下降 12.07%，2018 年营业收入和利润总额均有较大增长。

如表 3-6 和图 3-2 所示，国有及国有控股印刷企业资产负债率水平较低，净资产报酬率、营业毛利率、人均利润先升后降，2018 年达到最高水平。近两年，国有及国有控股印刷企业经营形势不容乐观。

表3-5 国有及国有控股印刷企业主要经济指标增长率　　　　　　　　单位：%

年度	企业单位数增长率	资产总计增长率	负债合计增长率	营业收入增长率	营业成本增长率	利润总额增长率	本年应交增值税增长率
2016	-6.58	-2.05	-1.74	-7.16	-6.75	-25.47	-5.13
2017	-0.35	2.28	-2.40	7.88	6.99	10.28	-5.52
2018	0.35	1.34	-1.27	11.49	8.87	40.03	-4.65
2019	-2.11	5.31	8.92	2.91	4.32	-10.64	-6.25
2020	-0.72	16.44	2.72	-4.28	-2.84	-12.07	-1.33

数据来源：根据中国统计年鉴数据计算

表3-6 国有及国有控股印刷企业主要效益指标

年度	资产负债率/%	净资产报酬率/%	营业毛利率/%	人均利润/(万元/人)
2016	33.67	8.69	21.54	4.80
2017	32.13	9.15	22.19	5.60
2018	31.30	12.50	24.02	8.23
2019	32.37	10.77	22.97	7.84
2020	28.56	7.70	21.81	6.99

数据来源：根据中国统计年鉴数据计算

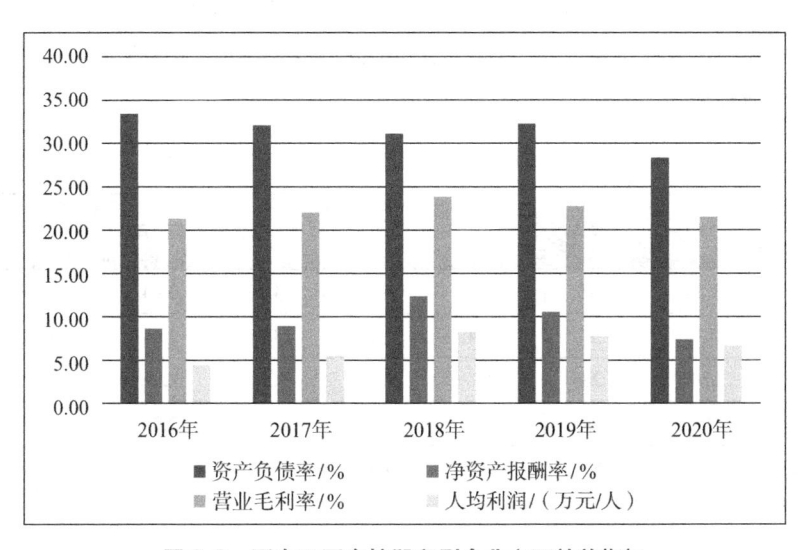

图3-2 国有及国有控股印刷企业主要效益指标

3.3 国有及国有控股工业企业与印刷企业指标比较分析

如表3-7所示,近两年国有及国有控股印刷企业数占国有及国有控股工业企业的比重呈下降趋势,资产、负债、营业收入、营业成本所占比重变化不大,利润总额、平均用工人数所占比重有所波动。

表3-7 国有及国有控股印刷企业主要经济指标占工业企业的比重　　单位：%

年度	企业单位数百分比	资产总计百分比	负债合计百分比	营业收入百分比	营业成本百分比	利润总额百分比	平均用工人数百分比
2016	1.49	0.18	0.10	0.20	0.19	0.35	0.52
2017	1.49	0.17	0.09	0.20	0.19	0.27	0.53
2018	1.52	0.17	0.09	0.20	0.19	0.35	0.56
2019	1.34	0.17	0.10	0.21	0.20	0.37	0.53
2020	1.25	0.19	0.09	0.20	0.20	0.34	0.54

数据来源：根据中国统计年鉴数据计算

如表3-8所示,从国有及国有控股印刷企业主要经济指标增长率来看,2018年,国有及国有控股印刷企业主要经济指标增长率高于国有及国有控股工业企业；2020年,国有及国有控股印刷企业总资产增长率、平均用工人数增长率高于国有及国有控股工业企业,其他指标增长率低于国有及国有控股工业企业增长率。

表3-8 国有及国有控股印刷企业主要经济指标增长率　　单位：%

年度	企业单位数增长率	资产总计增长率	负债合计增长率	营业收入增长率	营业成本增长率	利润总额增长率	平均用工人数增长率
2016	-5.28	-7.15	-6.25	-6.05	-4.93	-33.42	-0.52
2017	-0.35	-2.97	-5.84	-3.17	-3.15	-29.41	0.38
2018	2.20	1.28	1.68	4.20	1.52	32.09	6.49
2019	-12.89	-1.46	3.75	1.86	2.84	2.90	-6.28
2020	-7.44	9.89	-3.74	-1.46	-0.12	-7.58	1.18

数据来源：根据中国统计年鉴数据计算

如表 3-9 所示，2016—2020 年，国有及国有控股印刷企业资产负债率低于国有及国有控股工业企业，净资产报酬率除 2017 年外均高于国有及国有控股工业企业。国有及国有控股印刷企业营业毛利率高于国有及国有控股工业企业，人均利润低于国有及国有控股工业企业。

表 3-9　国有及国有控股印刷企业主要经济效益指标之差

年度	资产负债率之差/%	净资产报酬率之差/%	营业毛利率之差/%	人均利润之差/（万元/人）
2016	-27.92	1.01	3.67	-2.47
2017	-28.40	-0.77	3.65	-5.19
2018	-27.41	2.27	5.52	-4.88
2019	-25.46	2.66	4.83	-3.49
2020	-29.22	0.44	3.75	-4.11

数据来源：根据中国统计年鉴数据计算

第4章 民营印刷企业发展情况

4.1 民营工业企业指标分析

如表 4-1 所示，2016—2020 年，民营工业企业数逐年增加，总资产规模有所波动，负债规模逐渐增加，营业收入、营业成本、利润总额、平均用工人数均呈现先下降后上升趋势，虽然 2020 年受到新冠肺炎疫情的冲击，但民营企业营业收入、利润总额等指标还是有所增长。

表 4-1 民营工业企业主要经济指标

年度	企业单位数/个	资产总计/亿元	负债合计/亿元	营业收入/亿元	营业成本/亿元	利润总额/亿元	平均用工人数/万人
2016	214309	239542.71	121386.12	410188.06	355823.84	25494.90	3397.76
2017	215138	242636.74	127610.46	381034.44	329585.66	23043.00	3230.03
2018	220628	239288.8	134884.7	311970.0	269614.6	17137.0	2840.7
2019	243640	282829.6	162348.9	361133.2	307940.3	20650.8	3245.4
2020	286430	345022.8	198275.5	413564.0	351705.6	23800.5	3574.4

数据来源：中国统计年鉴 2017—2021

如表 4-2 所示，2019—2020 年，民营工业企业主要经济指标增长率在 10% 以上，在经济结构调整和疫情影响下仍保持比较快的增长，说明我国民营企业具有较大的活力以及应对风险的能力。

表 4-2 民营工业企业主要经济指标增长率　　　　　　　单位：%

年度	企业单位数增长率	资产总计增长率	负债合计增长率	营业收入增长率	营业成本增长率	利润总额增长率	平均用工人数增长率
2016	-1.01	4.60	2.30	6.17	6.35	5.13	-1.91
2017	0.39	1.29	5.13	-7.11	-7.37	-9.62	-4.94
2018	2.55	-1.38	5.70	-18.13	-18.20	-25.63	-12.05
2019	10.43	18.20	20.36	15.76	14.21	20.50	14.25
2020	17.56	21.99	22.13	14.52	14.21	15.25	10.14

数据来源：根据中国统计年鉴数据计算

如表 4-3 和图 4-1 所示，2016—2020 年，民营工业企业资产负债率逐年上升，但仍处于比较合理的水平，净资产报酬率整体下降，营业毛利率有所提高，人均利润有所下降。

表 4-3 民营工业企业主要经济效益指标

年度	资产负债率/%	净资产报酬率/%	营业毛利率/%	人均利润/（万元/人）
2016	50.67	21.58	13.25	7.50
2017	52.59	20.03	13.50	7.13
2018	56.37	16.41	13.58	6.03
2019	57.40	17.14	14.73	6.36
2020	57.47	16.22	14.96	6.66

数据来源：根据中国统计年鉴数据计算

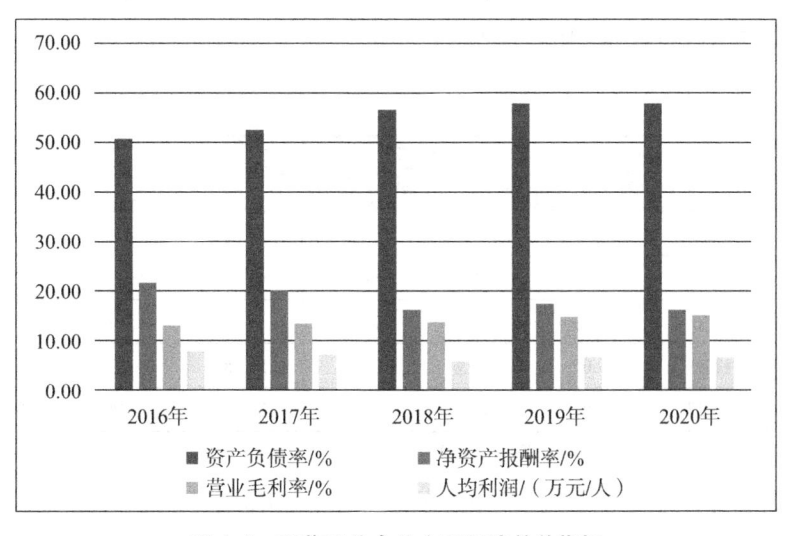

图 4-1 民营工业企业主要经济效益指标

4.2 民营印刷企业指标分析

如表 4-4 所示，2016—2020 年，民营印刷企业数逐年增加，资产、负债、营业收入、营业成本、利润总额、平均用工人数先降后升。2020 年，规模以上民营印刷企业 4453 家，实现营业收入 4232.7 亿元，利润总额 255.3 亿元，平均用工人数 55.7 万人。

表 4-4 民营印刷企业主要经济指标

年度	企业单位数/个	资产总计/亿元	负债合计/亿元	营业收入/亿元	营业成本/亿元	利润总额/亿元	平均用工人数/万人
2016	3239	2285.53	1083.88	4169.15	3570.87	273.63	42.82
2017	3331	2224.42	1095.99	4025.56	3455.10	246.29	41.28
2018	3423	2106.7	1130.1	3136.9	2711.9	159.2	36.3
2019	3830	2508.4	1365.1	3797.2	3210.4	215.7	44.1
2020	4453	3005.4	1626.2	4232.7	3572.1	255.3	55.7

数据来源：中国统计年鉴 2017—2021

如表 4-5 所示，2019—2020 年，民营印刷企业主要指标增长率均在 10% 以上，2019 年营业收入增长 21.05%，利润总额增长 35.49%，规模以上民营印刷企业较好地应对了疫情等带来的不利影响，保持了较快的业务增长和效益提升，用工人数也有较大幅度的增长。

表 4-5 民营印刷企业主要经济指标增长率　　　　　　　　　　　　单位：%

年度	企业单位数增长率	资产总计增长率	负债合计增长率	营业收入增长率	营业成本增长率	利润总额增长率	平均用工人数增长率
2016	3.85	9.06	7.40	11.67	12.45	4.68	0.87
2017	2.84	−2.67	1.12	−3.44	−3.24	−9.99	−3.60
2018	2.76	−5.29	3.11	−22.08	−21.51	−35.36	−12.06
2019	11.89	19.07	20.79	21.05	18.38	35.49	21.49
2020	16.27	19.81	19.13	11.47	11.27	18.36	26.30

数据来源：根据中国统计年鉴数据计算

如表 4-6 和图 4-2 所示，2016—2020 年，民营印刷企业资产负债率有所上升，净资产报酬率有所下降，营业毛利率有所提高，人均利润有所下降。

表 4-6 民营印刷企业主要效益指标

年度	资产负债率/%	净资产报酬率/%	营业毛利率/%	人均利润/(万元/人)
2016	47.42	22.77	14.35	6.39
2017	49.27	21.83	14.17	5.97
2018	53.64	16.30	13.55	4.39
2019	54.42	18.87	15.45	4.89
2020	54.11	18.51	15.61	4.58

数据来源：根据中国统计年鉴数据计算

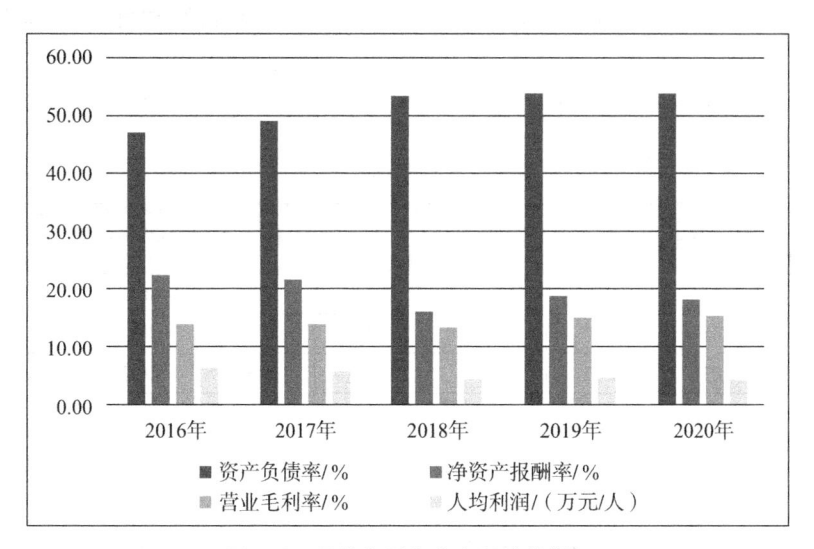

图 4-2 民营印刷企业主要效益指标

4.3 民营工业企业与印刷企业指标比较分析

如表 4-7 所示，民营印刷企业数占工业企业数的比重 2019 年最高为 1.57%，资产、负债所占比重呈下降趋势，营业收入、营业成本、利润总额所占比重有所波动，平均用工人数所占比重呈上升趋势。

表 4-7　民营印刷企业主要经济指标占民营工业企业的比重　　　单位：%

年度	企业单位数百分比	资产总计百分比	负债合计百分比	营业收入百分比	营业成本百分比	利润总额百分比	平均用工人数百分比
2016	1.51	0.95	0.89	1.02	1.00	1.07	1.26
2017	1.55	0.92	0.86	1.06	1.05	1.07	1.28
2018	1.55	0.88	0.84	1.01	1.01	0.93	1.28
2019	1.57	0.89	0.84	1.05	1.04	1.04	1.36
2020	1.55	0.87	0.82	1.02	1.02	1.07	1.56

数据来源：根据中国统计年鉴数据计算

如表 4-8 所示，2019 年，民营印刷企业各主要经济指标增长率均高于民营工业企业主要经济指标的增长率，2020 年，民营印刷企业利润总额增长率、平均用工人数增长率高于民营工业企业，其他指标增长率低于民营工业企业。

表 4-8　民营印刷企业与民营工业企业主要经济指标增长率之差　　　单位：%

年度	企业单位数增长率	资产总计增长率	负债合计增长率	营业收入增长率	营业成本增长率	利润总额增长率	平均用工人数增长率
2016	4.86	4.46	5.09	5.49	6.09	-0.45	2.78
2017	2.45	-3.97	-4.01	3.66	4.13	-0.37	1.34
2018	0.21	-3.91	-2.59	-3.95	-3.31	-9.73	-0.01
2019	1.46	0.87	0.43	5.29	4.17	14.99	7.24
2020	-1.30	-2.18	-3.00	-3.05	-2.95	3.11	16.17

数据来源：根据中国统计年鉴数据计算

如表 4-9 所示，2016—2020 年，民营印刷企业资产负债率、人均利润均低于民营工业企业，2018 年净资产报酬率和毛利率低于民营工业企业，其余年度高于民营工业企业。

表 4-9　民营印刷企业主要经济效益指标之差

年度	资产负债率之差 /%	净资产报酬率之差 /%	毛利率之差 /%	人均利润之差 /（万元 / 人）
2016	-3.25	1.19	1.10	-1.11
2017	-3.32	1.79	0.67	-1.17
2018	-2.73	-0.11	-0.03	-1.65
2019	-2.98	1.73	0.72	-1.47
2020	-3.36	2.29	0.65	-2.08

数据来源：根据中国统计年鉴数据计算

第5章 外商投资印刷企业发展情况

5.1 外商投资工业企业指标分析

如表 5-1 所示，2016—2020 年，外商投资工业企业有所减少，资产、负债逐渐增加，营业收入、营业成本、利润总额有所波动，平均用工人数逐年下降。

表5-1 外商投资工业企业主要经济指标

年度	企业单位数/个	资产总计/亿元	负债合计/亿元	营业收入/亿元	营业成本/亿元	利润总额/亿元	平均用工人数/万人
2016	49554	212744.42	114911.32	250392.99	211127.92	17597.47	2182.42
2017	47458	215998.05	116678.12	247619.69	207242.52	18412.38	2052.25
2018	47736	224353.2	121399.2	244478.0	205575.6	16775.5	1887.0
2019	43588	228743.9	123011.5	234409.8	195620.0	16483.0	1748.3
2020	43026	248426.9	133713.8	243188.6	202461.0	18167.4	1672.0

数据来源：中国统计年鉴 2017—2020

如表 5-2 所示，2016—2020 年，外商投资工业企业资产总计增长率、负债增长率为正数，平均用工人数增长率为负数，营业收入增长率、营业成本增长率、利润总额增长率 2016 年和 2020 年为正数。

表 5-2 外商投资工业企业主要经济指标增长率　　　　　　　　单位：%

年度	企业单位数增长率	资产总计增长率	负债合计增长率	营业收入增长率	营业成本增长率	利润总额增长率	平均用工人数增长率
2016	-6.07	5.68	4.77	1.91	1.37	10.64	-7.35
2017	-4.23	1.53	1.54	-1.11	-1.84	4.63	-5.96
2018	0.59	3.87	4.05	-1.27	-0.80	-8.89	-8.05
2019	-8.69	1.96	1.33	-4.12	-4.84	-1.74	-7.35
2020	-1.29	8.60	8.70	3.75	3.50	10.22	-4.36

数据来源：根据中国统计年鉴数据计算

如表 5-3 和图 5-1 所示，2016—2020 年，外商投资工业企业资产负债率、营业毛利率变化不大，净资产报酬率有所下降，人均利润有所上升。

表 5-3 外商投资工业企业主要经济效益指标

年度	资产负债率/%	净资产报酬率/%	营业毛利率/%	人均利润/(万元/人)
2016	54.01	17.99	15.68	8.06
2017	54.02	18.54	16.31	8.97
2018	54.11	16.29	15.91	8.89
2019	53.78	15.59	16.55	9.43
2020	53.82	15.84	16.75	10.87

数据来源：根据中国统计年鉴数据计算

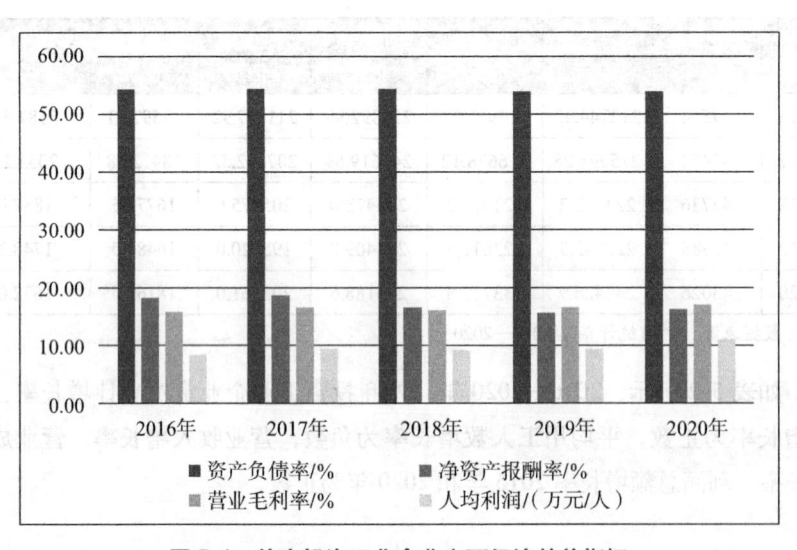

图 5-1 外商投资工业企业主要经济效益指标

5.2 外商投资印刷企业指标分析

如表 5-4 所示，2016—2020 年，外商投资印刷企业单位数大体呈下降趋势，资产、负债有所波动，营业收入、营业成本、利润总额、平均用工人数有所下降。

表 5-4　外商投资印刷企业主要经济指标

年度	企业单位数/个	资产总计/亿元	负债合计/亿元	营业收入/亿元	营业成本/亿元	利润总额/亿元	平均用工人数/万人
2016	613	1267.61	500.20	1279.03	1048.24	111.54	22.18
2017	589	1255.08	518.35	1141.27	923.07	94.32	20.75
2018	588	1319.9	522.5	1143.1	919.5	90.4	19.4
2019	531	1284.4	507.4	1100.1	876.2	91.2	18.0
2020	535	1376.8	535.3	1021.0	812.7	78.1	16.7

数据来源：中国统计年鉴 2017—2021

如表 5-5 所示，2020 年，外商投资印刷企业数增长率、总资产增长率、总负债增长率为正数，营业收入增长率、营业成本增长率、利润总额增长率、平均用工人数增长率为负数。

表 5-5　外商投资印刷企业主要经济指标增长率　　　　　单位：%

年度	企业单位数增长率	资产总计增长率	负债合计增长率	营业收入增长率	营业成本增长率	利润总额增长率	平均用工人数增长率
2016	-1.92	7.12	5.33	2.48	4.30	-8.79	-0.63
2017	-3.92	-0.99	3.63	-10.77	-11.94	-15.44	-6.45
2018	-0.17	5.16	0.80	0.16	-0.39	-4.16	-6.51
2019	-9.69	-2.69	-2.89	-3.76	-4.71	0.88	-7.22
2020	0.75	7.19	5.50	-7.19	-7.25	-14.36	-7.22

数据来源：根据中国统计年鉴数据计算

如表 5-6 和图 5-2 所示，2016—2020 年，外商投资印刷企业资产负债率、净资产报酬率整体上呈下降趋势，营业毛利率有所提高，人均利润有所波动。

表 5-6　外商投资印刷企业主要效益指标

年度	资产负债率/%	净资产报酬率/%	营业毛利率/%	人均利润/(万元/人)
2016	39.46	14.53	18.04	5.03
2017	41.30	12.80	19.12	4.55
2018	39.59	11.34	19.56	4.66
2019	39.50	11.74	20.35	5.07
2020	38.88	9.28	20.40	4.68

数据来源：根据中国统计年鉴数据计算

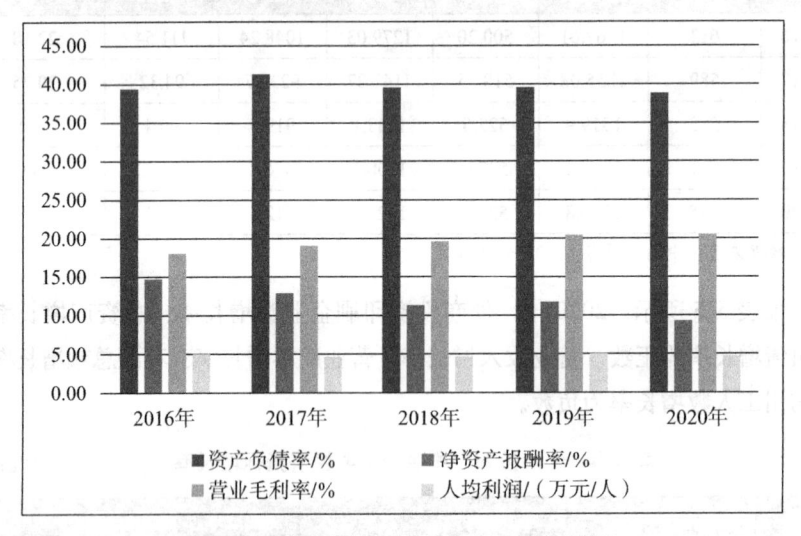

图 5-2　外商投资印刷企业主要效益指标

5.3　外商投资工业企业与印刷企业指标比较分析

如表 5-7 所示，2016—2020 年，外商投资印刷企业单位数和平均用工人数占外商投资工业企业的比重变化不大，总资产、总负债、营业收入、营业成本、利润总额所占比重有下降趋势。

表5-7 外商投资印刷企业主要经济指标占外商投资工业企业的比重　单位：%

年度	企业单位数百分比	资产总计百分比	负债合计百分比	营业收入百分比	营业成本百分比	利润总额百分比	平均用工人数百分比
2016	1.24	0.60	0.44	0.51	0.50	0.63	1.02
2017	1.24	0.58	0.44	0.46	0.45	0.51	1.01
2018	1.23	0.59	0.43	0.47	0.45	0.54	1.03
2019	1.22	0.56	0.41	0.47	0.45	0.55	1.03
2020	1.24	0.55	0.40	0.42	0.40	0.43	1.00

数据来源：根据中国统计年鉴数据计算

如表5-8所示，2020年，外商投资印刷企业总资产、总负债、营业收入、营业成本、利润总额、平均用工人数等指标增长率均低于外商投资工业企业。

表5-8　外商投资印刷企业与外商投资工业企业主要经济指标增长率之差　单位：%

年度	企业单位数增长率	资产总计增长率	负债合计增长率	营业收入增长率	营业成本增长率	利润总额增长率	平均用工人数增长率
2016	4.15	1.43	0.56	0.57	2.92	-19.43	6.72
2017	0.31	-2.52	2.09	-9.66	-10.10	-20.07	-0.48
2018	-0.76	1.30	-3.25	1.43	0.42	4.73	1.55
2019	-1.00	-4.65	-4.22	0.36	0.13	2.63	0.13
2020	2.04	-1.41	-3.20	-10.94	-10.74	-24.58	-2.86

数据来源：根据中国统计年鉴数据计算

如表5-9所示，2016—2020年，外商投资印刷企业资产负债率、净资产报酬率、人均利润均低于外商投资工业企业，毛利率高于外商投资工业企业。

表5-9　外商投资印刷企业主要经济效益指标之差

年度	资产负债率之差/%	净资产报酬率之差/%	毛利率之差/%	人均利润之差/（万元/人）
2016	-14.55	-3.45	2.36	-3.03
2017	-12.72	-5.74	2.81	-4.43
2018	-14.52	-4.96	3.65	-4.23
2019	-14.27	-3.85	3.80	-4.36
2020	-14.94	-6.56	3.65	-6.19

数据来源：根据中国统计年鉴数据计算

第6章 大中型印刷企业发展情况

6.1 大中型工业企业指标分析

如表 6-1 所示，2020 年，全国共有大中型工业企业 47045 家，总资产 897779.2 亿元，总负债 498299.2 亿元，实现营业收入 695028.4 亿元，利润总额 47198.6 亿元，平均用工人数 4582.6 万人。

表 6-1 大中型工业企业主要经济指标

年度	企业单位数（个）	资产总计/亿元	负债合计/亿元	营业收入/亿元	营业成本/亿元	利润总额/亿元	平均用工人数/万人
2016	62312	767059.84	438442.21	722934.38	607782.70	46192.80	6051.56
2017	58854	797736.17	451584.53	721344.66	600748.01	51361.51	5664.94
2018	58881	805653.2	454734.2	697466.7	578443.5	47649.8	4962.6
2019	48184	840682.6	469324.8	691560.6	570797.2	46023.0	4732.8
2020	47045	897779.2	498299.2	695028.4	573691.0	47198.6	4582.6

数据来源：中国统计年鉴 2017—2021

如表 6-2 所示，2016—2020 年，大中型工业企业总资产、总负债持续增长，营业收入、营业成本、利润总额有波动，平均用工人数持续下降。

表 6-2　大中型工业企业主要经济指标增长率　　　　　　　单位：%

年度	企业单位数增长率	资产总计增长率	负债合计增长率	营业收入增长率	营业成本增长率	利润总额增长率	平均用工人数增长率
2016	-2.18	6.71	5.22	4.18	3.78	11.13	-3.10
2017	-5.55	4.00	3.00	-0.22	-1.16	11.19	-6.39
2018	0.05	0.99	0.70	-3.31	-3.71	-7.23	-12.40
2019	-18.17	4.35	3.21	-0.85	-1.32	-3.41	-4.63
2020	-2.36	6.79	6.17	0.50	0.51	2.55	-3.17

数据来源：根据中国统计年鉴数据计算

如表 6-3 和图 6-1 所示，2016—2020 年，大中型工业企业资产负债率略有下降，净资产报酬率逐年下降，营业毛利率有所提高，人均利润逐年增长。

表 6-3　大中型工业企业主要经济效益指标

年度	资产负债率/%	净资产报酬率/%	营业毛利率/%	人均利润/（万元/人）
2016	57.16	14.06	15.93	7.63
2017	56.61	14.84	16.72	9.07
2018	56.44	13.58	17.07	9.60
2019	55.83	12.39	17.46	9.72
2020	55.50	11.82	17.46	10.30

数据来源：根据中国统计年鉴数据计算

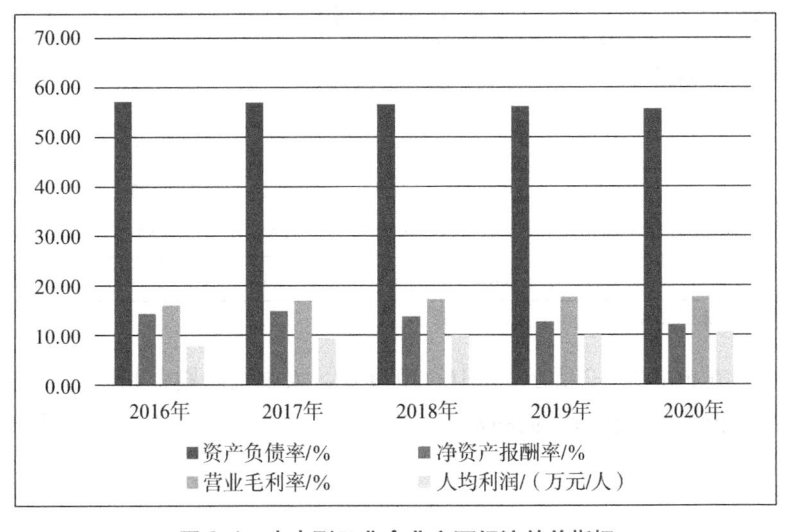

图 6-1　大中型工业企业主要经济效益指标

6.2 大中型印刷企业指标分析

如表6-4所示，2020年，共有大中型印刷企业532家，总资产2826.7亿元，负债1078.8亿元，实现营业收入2442.5亿元，利润总额223.6亿元，平均用工人数33.7万人。

表6-4 大中型印刷企业主要经济指标

年度	企业单位数/个	资产总计/亿元	负债合计/亿元	营业收入/亿元	营业成本/亿元	利润总额/亿元	平均用工人数/万人
2016	697	2577.21	955.80	2850.51	2362.60	233.24	45.26
2017	690	2620.35	976.64	2812.66	2305.69	239.52	43.85
2018	688	2603.4	975.6	2409.0	1931.5	217.9	37.9
2019	551	2585.1	1009.8	2549.9	2022.9	230.6	35.9
2020	532	2826.7	1078.8	2442.5	1935.0	223.6	33.7

数据来源：中国统计年鉴2017—2021

如表6-5所示，2016—2020年，大中型印刷企业数增长率、平均用工人数增长率均为负数，2020年，营业收入增长率、营业成本增长率、利润总额增长率均为负数，总资产增长率、总负债增长率有所上升。

表6-5 大中型印刷企业主要经济指标增长率　　　　　　单位：%

年度	企业单位数增长率	资产总计增长率	负债合计增长率	营业收入增长率	营业成本增长率	利润总额增长率	平均用工人数增长率
2016	-0.57	7.73	4.92	3.21	4.39	-8.51	-0.85
2017	-1.00	1.67	2.18	-1.33	-2.41	2.69	-3.12
2018	-0.29	-0.65	-0.11	-14.35	-16.23	-9.03	-13.57
2019	-19.91	-0.70	3.51	5.85	4.73	5.83	-5.28
2020	-3.45	9.35	6.83	-4.21	-4.35	-3.04	-6.13

数据来源：根据中国统计年鉴数据计算

如表6-6和图6-2所示，2016—2020年，大中型印刷企业资产负债率略有提高，但仍处于相对较低的水平，净资产报酬率有所波动，营业毛利率和人均利润逐年提高。

表 6-6 大中型印刷企业主要效益指标

年度	资产负债率/%	净资产报酬率/%	营业毛利率/%	人均利润/(万元/人)
2016	37.09	14.39	17.12	5.15
2017	37.27	14.57	18.02	5.46
2018	37.47	13.39	19.82	5.75
2019	39.06	14.64	20.67	6.42
2020	38.16	12.79	20.78	6.64

数据来源：根据中国统计年鉴数据计算

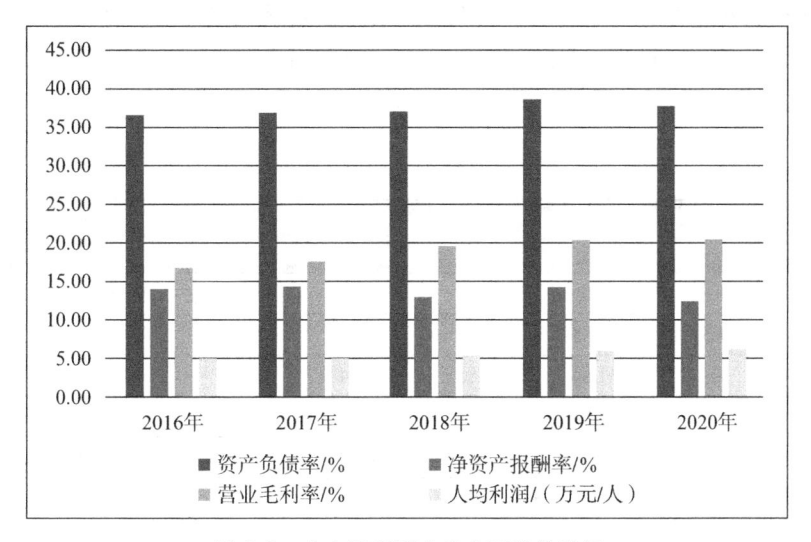

图 6-2 大中型印刷企业主要效益指标

6.3 大中型工业企业与印刷企业指标比较分析

如表 6-7 所示，2016—2020 年，大中型印刷企业总资产占大中型工业企业的比重有所下降，总负债所占比重基本稳定，营业收入、营业成本占比有所下降，利润总额、平均用工人数占比有所波动。

表 6-7 大中型印刷企业主要经济指标占大中型工业企业的比重　　单位：%

年度	企业单位数百分比	资产总计百分比	负债合计百分比	营业收入百分比	营业成本百分比	利润总额百分比	平均用工人数百分比
2016	1.12	0.34	0.22	0.39	0.39	0.50	0.75
2017	1.17	0.33	0.22	0.39	0.38	0.47	0.77
2018	1.17	0.32	0.21	0.35	0.33	0.46	0.76
2019	1.14	0.31	0.22	0.37	0.35	0.50	0.76
2020	1.13	0.31	0.22	0.35	0.34	0.47	0.74

数据来源：根据中国统计年鉴数据计算

如表 6-8 所示，2020 年，大中型印刷企业总资产增长率、总负债增长率高于大中型工业企业，营业收入增长率、营业成本增长率、利润总额增长率、平均用工人数增长率均低于大中型工业企业。

表 6-8 大中型印刷企业与大中型工业企业主要经济指标增长率之差　单位：%

年度	企业单位数增长率	资产总计增长率	负债合计增长率	营业收入增长率	营业成本增长率	利润总额增长率	平均用工人数增长率
2016	1.61	1.02	−0.30	−0.97	0.61	−19.64	2.25
2017	4.55	−2.33	−0.82	−1.11	−1.25	−8.50	3.27
2018	−0.34	−1.64	−0.80	−11.04	−12.52	−1.80	−1.17
2019	−1.75	−5.05	0.30	6.70	6.05	9.24	−0.65
2020	−1.08	2.55	0.66	−4.71	−4.85	−5.59	−2.95

数据来源：根据中国统计年鉴数据计算

如表 6-9 所示，2016—2020 年，大中型印刷企业资产负债率、人均利润低于大中型工业企业，营业毛利率高于大中型工业企业。

表 6-9 大中型印刷企业与大中型工业企业主要经济效益指标之差

年度	资产负债率之差/%	净资产报酬率之差/%	营业毛利率之差/%	人均利润之差/（万元/人）
2016	−20.07	0.33	1.19	−2.48
2017	−19.34	−0.27	1.31	−3.60
2018	−18.97	−0.19	2.76	−3.85
2019	−16.76	2.25	3.21	−3.30
2020	−17.34	0.98	3.32	−3.66

数据来源：根据中国统计年鉴数据计算

第二部分
专题报告 1——
规模以上印刷企业运行状况分析

第7章 规模以上印刷企业整体运行状况分析

7.1 工业生产者价格指数变化分析

工业生产者价格指数,简称PPI,是工业生产产品出厂价格和购进价格在某个时期内变动的相对数,能够反映全部工业生产者出厂和购进价格变化趋势和变动幅度。

2020年,受新冠肺炎疫情影响,如表7-1和图7-1所示,全部工业生产者的出厂价格指数2月以来均低于100,说明工业生产的形势不容乐观,印刷业工业生产者出厂价格指数从2020年1月至2021年4月一直低于100。2021年,全部工业生产者出厂价格指数超过100,而且下半年经济恢复明显,印刷业2021年4月后生产者价格指数超过100,但上升幅度较小,说明印刷业生产恢复相对较慢且较温和。

表7-1 工业生产者出厂价格指数

时间	工业生产者出厂价格指数（上年同月=100）	印刷和记录媒介复制业工业生产者出厂价格指数（上年同月=100）
2020年1月	100.1	99.4
2020年2月	99.6	99.4
2020年3月	98.5	99.6
2020年4月	96.9	99.3

续表

时间	工业生产者出厂价格指数（上年同月=100）	印刷和记录媒介复制业工业生产者出厂价格指数（上年同月=100）
2020年5月	96.3	99.3
2020年6月	97.0	98.6
2020年7月	97.6	98.3
2020年8月	98.0	98.4
2020年9月	97.9	98.3
2020年10月	97.9	98.2
2020年11月	98.5	97.9
2020年12月	99.6	97.9
2021年1月	100.3	98.9
2021年2月	101.7	99.0
2021年3月	104.4	99.4
2021年4月	106.8	99.7
2021年5月	109.0	100.8
2021年6月	108.8	100.9
2021年7月	109.0	101.2
2021年8月	109.5	101.0
2021年9月	110.7	100.9
2021年10月	113.5	101.0
2021年11月	112.9	101.6

数据来源：中国国家统计局网站

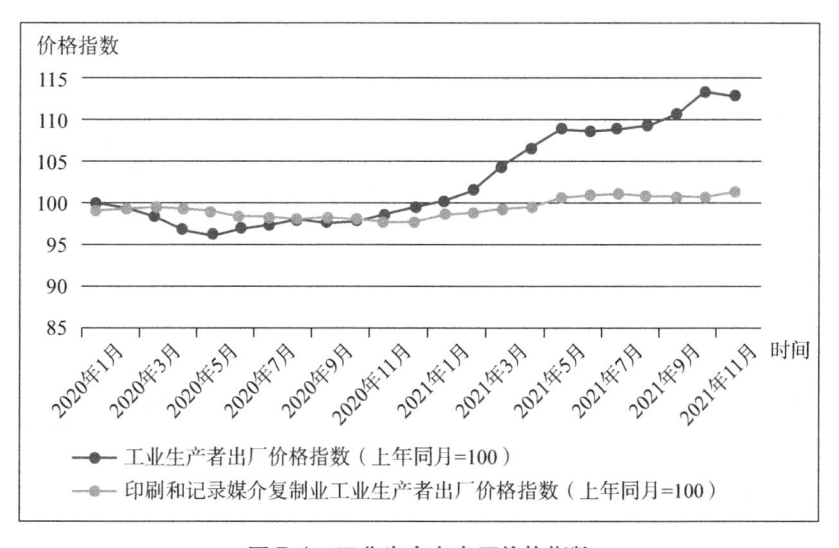

图 7-1　工业生产者出厂价格指数

7.2 工业增加值增长率

如表 7-2 和图 7-2 所示,从 2020 年 4 月开始,工业增加值同比增长率均为正数,2021 年 3 月最高,达到 14.1%,工业增加值累计增长率 2020 年 8 月开始为正数,在 2021 年 3 月达到最大值 24.5%。2021 年 3 月以后,我国工业生产恢复较快。

表 7-2　工业增加值增长率

时间	工业增加值—同比增长率 / %	工业增加值—累计增长率 / %
2020 年 3 月	−1.1	−8.4
2020 年 4 月	3.9	−4.9
2020 年 5 月	4.4	−2.8
2020 年 6 月	4.8	−1.3
2020 年 7 月	4.8	−0.4
2020 年 8 月	5.6	0.4
2020 年 9 月	6.9	1.2
2020 年 10 月	6.9	1.8
2020 年 11 月	7.0	2.3
2020 年 12 月	7.3	2.8
2021 年 3 月	14.1	24.5
2021 年 4 月	9.8	20.3
2021 年 5 月	8.8	17.8
2021 年 6 月	8.3	15.9
2021 年 7 月	6.4	14.4
2021 年 8 月	5.3	13.1
2021 年 9 月	3.1	11.8
2021 年 10 月	3.5	10.9
2021 年 11 月	3.8	10.1

数据来源:中国国家统计局网站

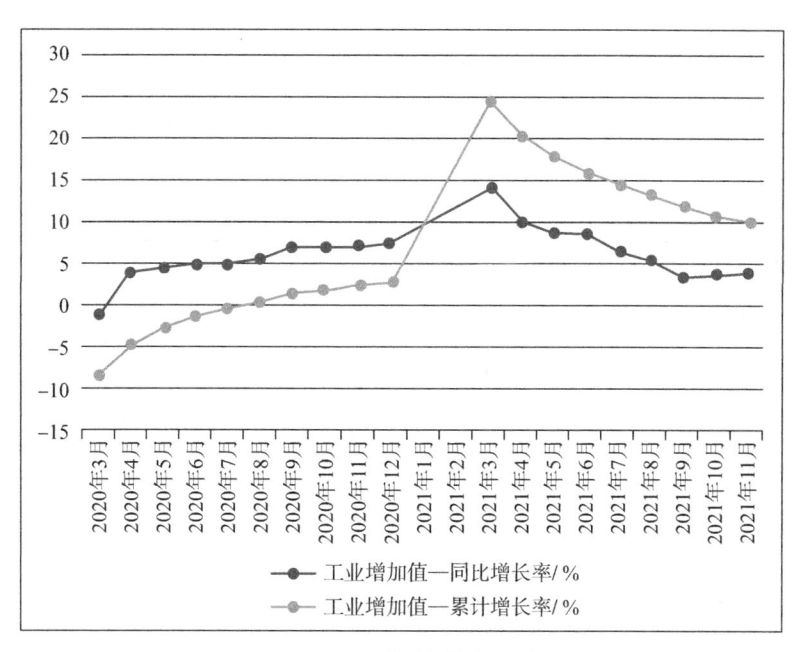

图 7-2 工业增加值增长率

如表 7-3 和图 7-3 所示，印刷业增加值同比增长率自 2020 年 8 月后一直为正数，累计增长率 2021 年 3 月开始一直为正数，且累计增长率高于同比增长率。

表 7-3 印刷业增加值增长率

时间	印刷和记录媒介复制业增加值 —同比增长率 / %	印刷和记录媒介复制业增加值 —累计增长率 / %
2020 年 3 月	−4.1	−17.3
2020 年 4 月	5.8	−10.1
2020 年 5 月	2.0	−7.3
2020 年 6 月	−3.1	−6.4
2020 年 7 月	−0.9	−5.5
2020 年 8 月	0.4	−4.7
2020 年 9 月	3.4	−3.7
2020 年 10 月	2.3	−3.1

续表

时间	印刷和记录媒介复制业增加值—同比增长率 / %	印刷和记录媒介复制业增加值—累计增长率 / %
2020 年 11 月	1.7	-2.5
2020 年 12 月	2.4	-2.0
2021 年 3 月	10.8	27.5
2021 年 4 月	10.6	22.2
2021 年 5 月	9.9	19.4
2021 年 6 月	12.2	18.0
2021 年 7 月	7.8	16.3
2021 年 8 月	9.6	15.3
2021 年 9 月	3.1	13.6
2021 年 10 月	4.9	12.6
2021 年 11 月	6.7	11.9

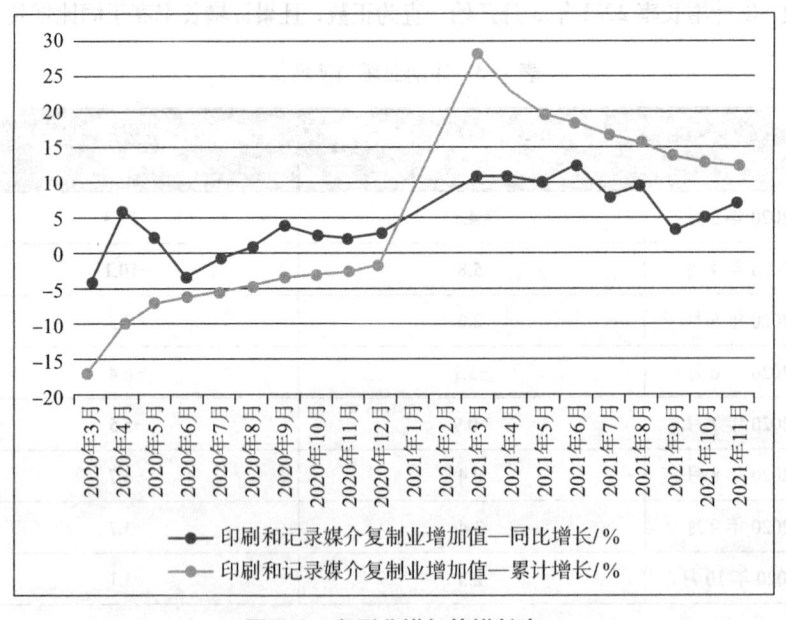

数据来源：中国国家统计局网站

图 7-3 印刷业增加值增长率

7.3 工业出口交货值及增长率

如表 7-4 和图 7-4 所示，工业出口交货值同比增长率自 2020 年 10 月起一直为正数，累计增长率自 2021 年 3 月起一直为正数，且高于同比增长率，表明 2021 年 3 月后出口形势出现转折性变化。

表 7-4 工业出口交货值及增长率

时间	工业出口交货值—当期值/亿元	工业出口交货值—累计值/亿元	工业出口交货值—同比增长率/%	工业出口交货值—累计增长率/%
2020 年 3 月	10307.10	24082.40	3.1	-10.3
2020 年 4 月	9790.30	33892.10	1.1	-7.5
2020 年 5 月	9666.00	43619.60	-1.4	-6.2
2020 年 6 月	10650.30	54250.20	2.6	-4.9
2020 年 7 月	10399.20	64719.60	1.6	-4.0
2020 年 8 月	10451.70	75210.50	1.2	-3.2
2020 年 9 月	11376.10	86551.90	-1.8	-3.1
2020 年 10 月	11268.40	97872.20	4.3	-2.2
2020 年 11 月	12205.30	110052.20	9.1	-1.2
2020 年 12 月	12753.40	122796.10	9.5	-0.3
2021 年 3 月	11947.10	31399.00	15.9	30.4
2021 年 4 月	11583.80	43062.00	18.5	27.3
2021 年 5 月	11325.60	54463.20	16.9	24.9
2021 年 6 月	12122.50	66673.60	13.4	22.9
2021 年 7 月	11607.10	78130.10	11.0	20.7
2021 年 8 月	12055.40	90228.10	14.8	19.9
2021 年 9 月	13390.80	103664.00	16.8	19.4
2021 年 10 月	12671.00	116374.90	11.6	18.5
2021 年 11 月	13854.60	130308.30	12.6	17.8

数据来源：中国国家统计局网站

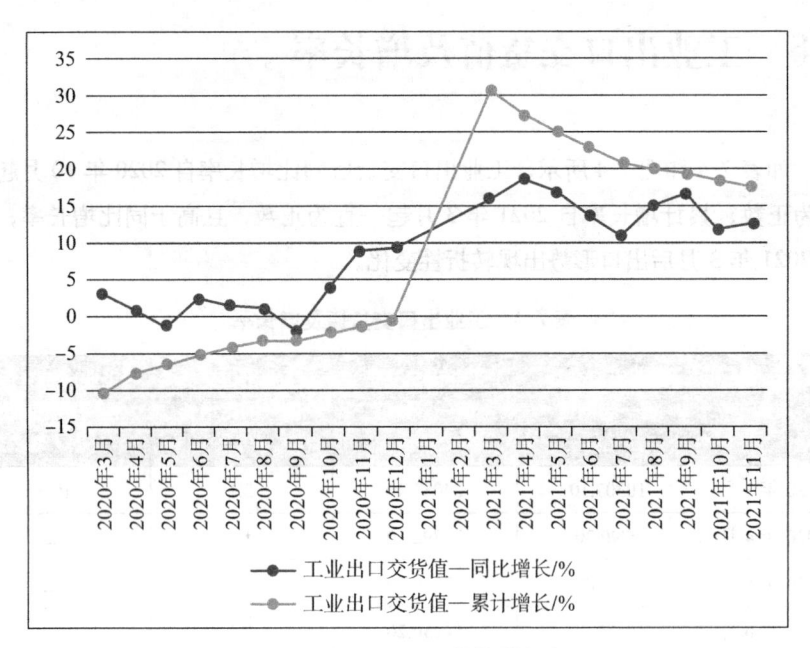

图 7-4 工业出口交货值增长率

如表 7-5 和图 7-5 所示，印刷业出口交货值同比增长率 2020 年 12 月开始一直为正数，累计增长率 2021 年 3 月开始一直为正数，表明印刷业出口情况有所恢复。

表 7-5 印刷业出口交货值及增长率

时间	印刷和记录媒介复制业出口交货值—当期值/亿元	印刷和记录媒介复制业出口交货值—累计值/亿元	印刷和记录媒介复制业出口交货值—同比增长率/%	印刷和记录媒介复制业出口交货值—累计增长率/%
2020年3月	40.20	94.30	-0.7	-17.4
2020年4月	40.70	135.00	-7.4	-14.0
2020年5月	39.70	176.70	-10.4	-12.0
2020年6月	43.70	221.50	-9.7	-11.9
2020年7月	47.10	268.30	-11.7	-11.7
2020年8月	48.80	318.30	-9.3	-11.1
2020年9月	53.10	373.30	-3.7	-9.8
2020年10月	45.10	420.70	-1.8	-9.0
2020年11月	46.60	468.10	-6.3	-9.0

续表

时间	印刷和记录媒介复制业出口交货值—当期值/亿元	印刷和记录媒介复制业出口交货值—累计值/亿元	印刷和记录媒介复制业出口交货值—同比增长率/%	印刷和记录媒介复制业出口交货值—累计增长率/%
2020年12月	51.00	518.80	0.9	-8.2
2021年3月	41.40	109.70	2.6	14.5
2021年4月	42.30	151.20	1.0	10.0
2021年5月	42.20	193.80	5.4	8.9
2021年6月	46.50	240.80	5.9	8.6
2021年7月	48.50	290.20	2.5	7.9
2021年8月	53.40	341.80	8.8	6.8
2021年9月	54.30	396.90	1.5	5.7
2021年10月	45.60	442.60	0.0	4.7
2021年11月	50.20	493.30	7.6	4.9

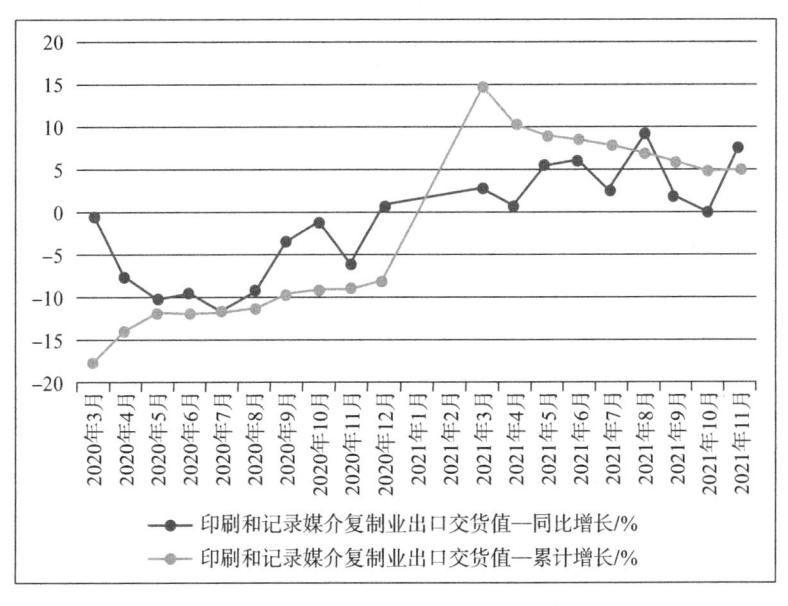

数据来源：中国国家统计局网站

图7-5 印刷业出口交货值增长率

7.4 企业及亏损企业数

如表7-6和图7-6所示,2020年2月至年底,亏损企业亏损总额不断增加,累计增长率均为正数,2021年2月至11月,亏损企业亏损总额也逐渐增加,但是2021年2月至9月亏损额比2020年同期有所减少,10月、11月则超过2020年同期。

表7-6 企业及亏损企业数

时间	企业单位数 本月末/个	亏损企业 本月末/个	亏损企业亏损总 额累计值/亿元	亏损企业亏损总 额累计增长率/%
2020年2月	374405	136279	3241.80	24.3
2020年3月	374408	130167	4451.30	42.9
2020年4月	374657	109993	5338.80	41.4
2020年5月	375153	100030	6016.90	39.0
2020年6月	376224	97636	6326.20	33.0
2020年7月	377160	90252	6975.10	28.7
2020年8月	377989	85883	7402.80	21.7
2020年9月	379220	83473	7826.30	18.1
2020年10月	380605	78573	8246.30	8.8
2020年11月	383077	73683	8533.00	5.9
2020年12月	383077	66313	9855.10	2.8
2021年2月	399927	108461	2408.00	−28.6
2021年3月	400150	108274	3089.50	−32.7
2021年4月	400529	95382	3702.10	−31.9
2021年5月	400926	90472	4305.80	−29.6
2021年6月	401815	90228	4913.90	−23.5
2021年7月	402857	86038	5677.50	−18.7
2021年8月	403762	83815	6654.30	−10.1
2021年9月	405059	83421	7536.10	−4.2
2021年10月	406300	80393	8514.30	2.6
2021年11月	408731	75728	9602.10	11.8

数据来源:中国国家统计局网站

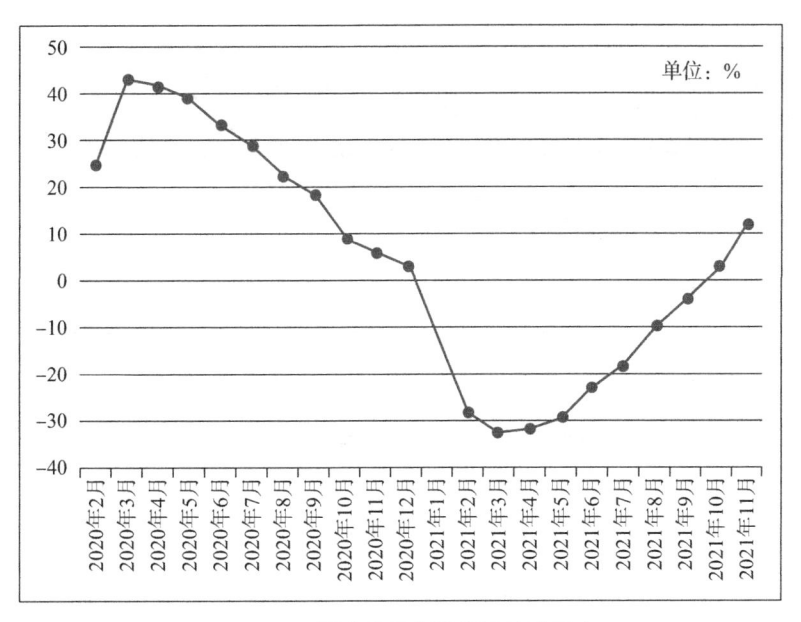

图 7-6　亏损企业亏损总额累计增长率

如表 7-7 和图 7-7 所示，2020 年 2 月至年底，印刷业亏损企业数逐月减少，但与上年同期亏损企业数相比仍有增长，2021 年 2 月至 11 月，印刷业亏损企业数逐月减少，2 月至 9 月与上年同期亏损数相比有所下降。

表 7-7　印刷业亏损企业数及增长率

时间	印刷和记录媒介复制业亏损企业单位数本月末/个	印刷和记录媒介复制业亏损企业单位数上年同期/个	印刷和记录媒介复制业亏损企业单位数增长率/%
2020 年 2 月	2148	1481	45.0
2020 年 3 月	1993	1285	55.1
2020 年 4 月	1663	1249	33.1
2020 年 5 月	1508	1146	31.6
2020 年 6 月	1505	1116	34.9
2020 年 7 月	1365	1067	27.9
2020 年 8 月	1272	999	27.3
2020 年 9 月	1232	976	26.2
2020 年 10 月	1156	908	27.3

续表

时间	印刷和记录媒介复制业亏损企业单位数本月末/个	印刷和记录媒介复制业亏损企业单位数上年同期/个	印刷和记录媒介复制业亏损企业单位数增长率/%
2020年11月	1063	833	27.6
2020年12月	928	709	30.9
2021年2月	1556	2219	-29.9
2021年3月	1531	2057	-25.6
2021年4月	1311	1675	-21.7
2021年5月	1265	1493	-15.3
2021年6月	1277	1479	-13.7
2021年7月	1209	1343	-10.0
2021年8月	1178	1236	-4.7
2021年9月	1177	1192	-1.3
2021年10月	1143	1097	4.2
2021年11月	1032	1000	3.2

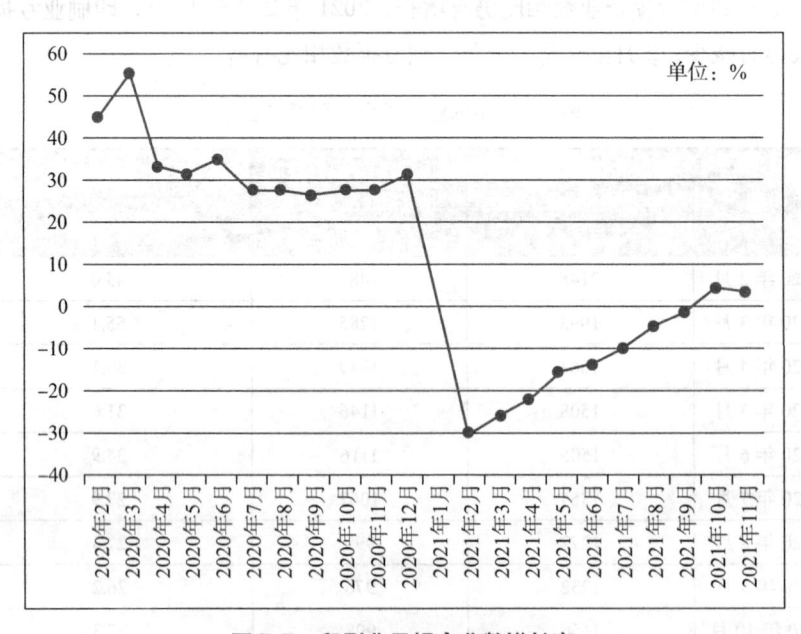

数据来源：中国国家统计局网站

图7-7　印刷业亏损企业数增长率

第8章 工业企业与印刷和记录媒介复制业企业生产经营状况分析

8.1 工业企业与印刷和记录媒介复制业企业流动资产及增长率

如表 8-1 和图 8-1 所示，工业企业流动资产增长率与印刷和记录媒介复制业企业流动资产增长率均为正数，工业企业流动资产增长率整体高于印刷企业流动资产增长率。

表 8-1　工业企业与印刷和记录媒介复制业流动资产及增长率

时间	工业企业流动资产合计本月末/亿元	工业企业流动资产合计上年同期/亿元	工业企业流动资产合计增长率/%	印刷和记录媒介复制业流动资产合计本月末/亿元	印刷和记录媒介复制业流动资产合计上年同期/亿元	印刷和记录媒介复制业流动资产合计增长率/%
2020年2月	559961.60	526896.50	6.3	3008.00	2946.70	2.1
2020年3月	573098.50	538524.30	6.4	3147.60	3052.60	3.1
2020年4月	582066.00	543500.10	7.1	3191.20	3031.40	5.3
2020年5月	592261.70	550267.50	7.6	3238.40	3063.70	5.7
2020年6月	598992.50	555760.80	7.8	3283.40	3113.00	5.5

续表

时间	工业企业流动资产合计本月末/亿元	工业企业流动资产合计上年同期/亿元	工业企业流动资产合计增长率/%	印刷和记录媒介复制业流动资产合计本月末/亿元	印刷和记录媒介复制业流动资产合计上年同期/亿元	印刷和记录媒介复制业流动资产合计增长率/%
2020年7月	601592.20	556758.90	8.1	3283.50	3123.80	5.1
2020年8月	611610.20	564316.60	8.4	3369.50	3193.40	5.5
2020年9月	621531.90	573963.30	8.3	3447.80	3263.30	5.7
2020年10月	630060.00	579412.90	8.7	3474.80	3293.20	5.5
2020年11月	641534.00	589736.50	8.8	3538.70	3365.70	5.1
2020年12月	631504.60	582908.20	8.3	3551.50	3353.80	5.9
2021年2月	634627.80	560767.40	13.2	3453.80	3017.70	14.5
2021年3月	647243.10	574654.60	12.6	3474.50	3162.10	9.9
2021年4月	657652.20	584935.90	12.4	3490.80	3214.00	8.6
2021年5月	668700.90	595692.90	12.3	3561.70	3263.00	9.2
2021年6月	675763.80	602408.90	12.2	3605.90	3307.00	9.0
2021年7月	680376.40	605589.10	12.3	3646.90	3366.30	8.3
2021年8月	694429.20	617793.50	12.4	3691.50	3461.00	6.7
2021年9月	703282.80	631332.00	11.4	3723.50	3534.70	5.3
2021年10月	716099.30	636323.40	12.5	3761.80	3565.90	5.5
2021年11月	732458.20	648155.80	13.0	3848.30	3638.00	5.8

数据来源：中国国家统计局网站

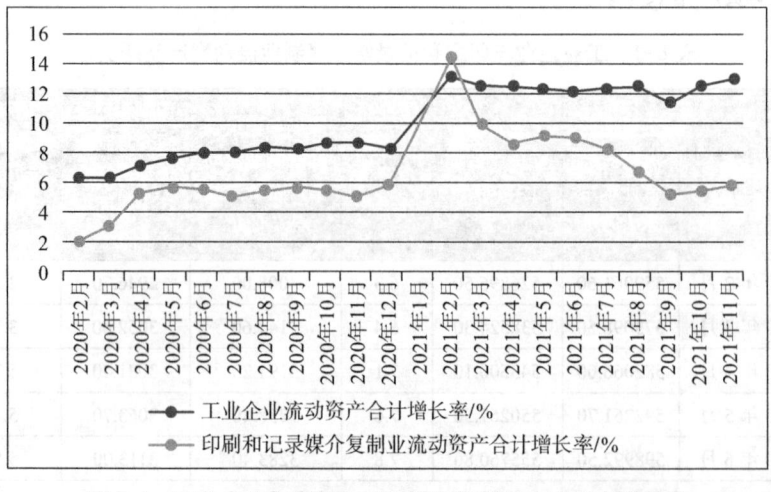

图 8-1 工业企业与印刷和记录媒介复制业流动资产增长率

8.2 工业企业与印刷和记录媒介复制业企业应收账款及增长率

如表 8-2 和图 8-2 所示，工业企业应收账款增长率与印刷和记录媒介复制业企业应收账款增长率均为正数，工业企业应收账款增长率高于印刷企业应收账款增长率，二者变化趋势比较相似。

表 8-2 工业企业与印刷和记录媒介复制业应收账款及增长率

时间	工业企业应收账款合计本月末/亿元	工业企业应收账款合计上年同期/亿元	工业企业应收账款合计增长率/%	印刷和记录媒介复制业应收账款合计本月末/亿元	印刷和记录媒介复制业应收账款合计上年同期/亿元	印刷和记录媒介复制业应收账款合计增长率/%
2020年2月	137973.60	122959.00	12.2	894.60	821.30	8.9
2020年3月	140355.90	130833.00	7.3	938.50	913.30	2.8
2020年4月	144290.30	131255.70	9.9	949.90	879.30	8.0
2020年5月	151287.50	133836.10	13.0	978.70	879.60	11.3
2020年6月	153447.20	136200.70	12.7	997.60	907.30	10.0
2020年7月	155876.60	136691.60	14.0	979.50	910.10	7.6
2020年8月	159687.00	139437.00	14.5	998.60	929.60	7.4
2020年9月	162369.60	142044.50	14.3	1026.50	963.90	6.5
2020年10月	167688.20	144637.70	15.9	1044.20	968.70	7.8
2020年11月	172811.40	148306.30	16.5	1083.00	1007.70	7.5
2020年12月	164128.60	142562.80	15.1	1052.70	967.70	8.8
2021年2月	162791.70	139839.10	16.4	1032.10	932.10	10.7
2021年3月	165947.60	141711.10	17.1	1019.40	953.20	6.9
2021年4月	168843.20	145557.20	16.0	1020.60	965.40	5.7
2021年5月	174390.70	152881.60	14.1	1048.80	1002.00	4.7
2021年6月	175640.50	155230.60	13.1	1063.20	1014.30	4.8
2021年7月	178413.70	157510.70	13.3	1092.20	1019.70	7.1
2021年8月	181225.60	161610.90	12.1	1119.80	1044.10	7.3

续表

时间	工业企业应收账款合计本月末/亿元	工业企业应收账款合计上年同期/亿元	工业企业应收账款合计增长率/%	印刷和记录媒介复制业应收账款合计本月末/亿元	印刷和记录媒介复制业应收账款合计上年同期/亿元	印刷和记录媒介复制业应收账款合计增长率/%
2021年9月	183227.30	164309.20	11.5	1131.20	1074.80	5.2
2021年10月	189007.50	169860.10	11.3	1146.50	1095.90	4.6
2021年11月	195415.50	175139.20	11.6	1190.20	1141.10	4.3

数据来源：中国国家统计局网站

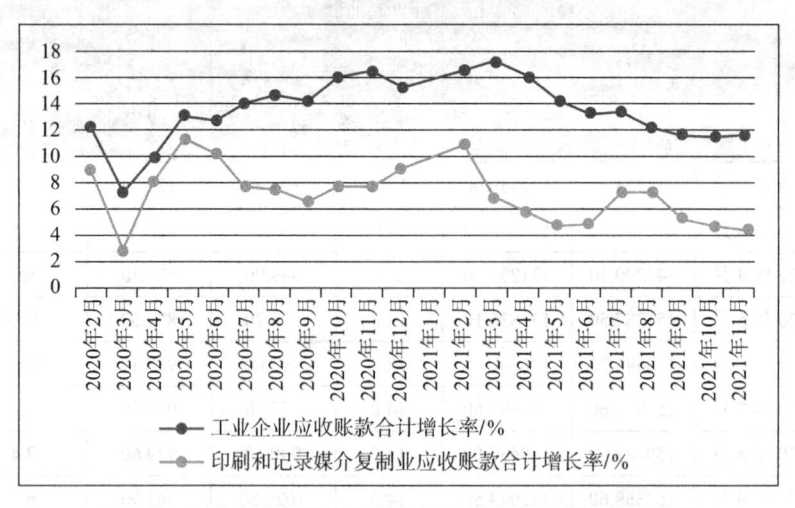

图8-2 工业企业与印刷和记录媒介复制业应收账款增长率

8.3　工业企业与印刷和记录媒介复制业企业存货及增长率

如表8-3和图8-3所示，工业企业存货增长率和印刷企业存货增长率均为正数，工业企业存货增长率整体高于印刷企业存货增长率，2021年的增长率均高于2020年的增长率。

表 8-3　工业企业与印刷和记录媒介复制业存货及增长率

时间	工业企业存货合计本月末/亿元	工业企业存货合计上年同期/亿元	工业企业存货增长率/%	印刷和记录媒介复制业存货合计本月末/亿元	印刷和记录媒介复制业存货合计上年同期/亿元	印刷和记录媒介复制业存货合计增长率/%
2020 年 2 月	116061.00	111449.70	4.1	611.30	621.50	-1.6
2020 年 3 月	118371.50	109789.80	7.8	642.20	603.30	6.4
2020 年 4 月	118889.90	112347.80	5.8	645.90	620.00	4.2
2020 年 5 月	119022.70	114169.00	4.3	651.00	628.30	3.6
2020 年 6 月	118323.80	113411.40	4.3	646.70	626.80	3.2
2020 年 7 月	119904.50	114963.80	4.3	647.40	634.00	2.1
2020 年 8 月	121058.40	115980.10	4.4	655.10	644.70	1.6
2020 年 9 月	121774.10	116071.40	4.9	655.60	659.20	-0.5
2020 年 10 月	123133.80	117515.70	4.8	663.00	657.90	0.8
2020 年 11 月	123861.80	118189.80	4.8	665.30	661.50	0.6
2020 年 12 月	122330.60	116321.70	5.2	664.10	656.40	1.2
2021 年 2 月	126325.00	115807.70	9.1	678.70	612.80	10.8
2021 年 3 月	128762.60	118152.40	9.0	688.30	645.50	6.6
2021 年 4 月	131246.00	119099.20	10.2	701.20	649.80	7.9
2021 年 5 月	134334.20	119416.40	12.5	716.80	654.40	9.5
2021 年 6 月	135326.80	118736.20	14.0	725.60	650.50	11.5
2021 年 7 月	138483.70	120335.70	15.1	751.10	662.60	13.4
2021 年 8 月	141555.30	121551.20	16.5	767.70	670.90	14.4
2021 年 9 月	142002.90	122122.50	16.3	766.60	670.10	14.4
2021 年 10 月	145384.30	123498.20	17.7	772.00	677.60	13.9
2021 年 11 月	148092.20	124445.70	19.0	779.80	681.10	14.5

数据来源：中国国家统计局网站

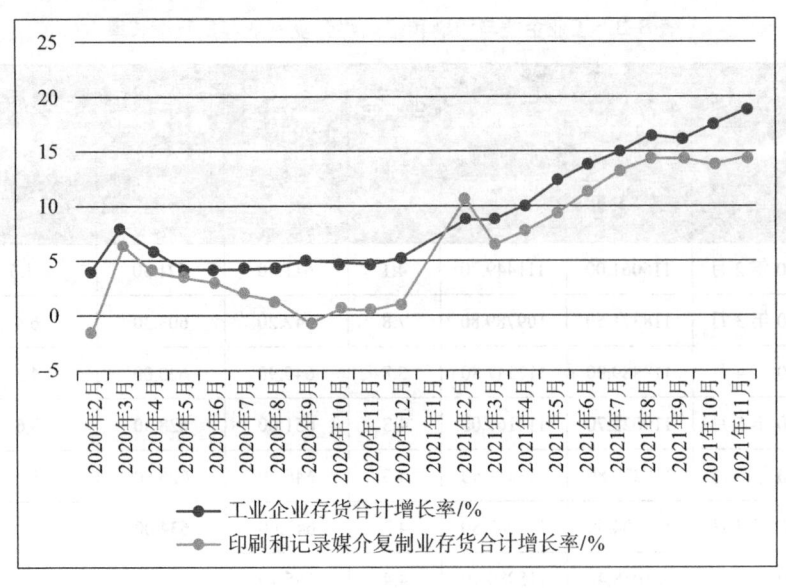

图 8-3　工业企业与印刷和记录媒介复制业存货增长率

8.4　工业企业与印刷和记录媒介复制业企业产成品及增长率

如表 8-4 和图 8-4 所示，工业企业产成品增长率与印刷和记录媒介复制业产成品增长率均为正数，工业企业产成品增长率整体高于印刷企业产成品增长率。

表 8-4　工业企业与印刷和记录媒介复制产成品及增长率

时间	工业企业产成品合计本月末/亿元	工业企业产成品合计上年同期/亿元	工业企业产成品合计增长率/%	印刷和记录媒介复制业产成品合计本月末/亿元	印刷和记录媒介复制业产成品合计上年同期/亿元	印刷和记录媒介复制业产成品合计增长率/%
2020年2月	42486.20	39079.20	8.7	244.10	231.00	5.7
2020年3月	43829.70	38133.30	14.9	260.50	227.60	14.5

续表

时间	工业企业产成品合计本月末/亿元	工业企业产成品合计上年同期/亿元	工业企业产成品合计增长率/%	印刷和记录媒介复制业产成品合计本月末/亿元	印刷和记录媒介复制业产成品合计上年同期/亿元	印刷和记录媒介复制业产成品合计增长率/%
2020年4月	44277.20	40024.80	10.6	260.10	240.30	8.2
2020年5月	44731.30	41022.50	9.0	267.40	242.10	10.5
2020年6月	44403.30	40992.40	8.3	264.80	242.40	9.2
2020年7月	44848.20	41748.40	7.4	267.10	248.50	7.5
2020年8月	45499.40	42166.20	7.9	272.30	258.60	5.3
2020年9月	45278.40	41865.40	8.2	270.50	269.50	0.4
2020年10月	45771.00	42830.70	6.9	274.70	267.50	2.7
2020年11月	46421.10	43270.70	7.3	272.70	267.80	1.8
2020年12月	46018.60	42809.30	7.5	271.30	265.30	2.3
2021年2月	46031.90	42393.60	8.6	267.70	245.30	9.1
2021年3月	47275.80	43568.30	8.5	275.10	262.20	4.9
2021年4月	47897.20	44251.30	8.2	280.10	263.10	6.5
2021年5月	49325.30	44755.50	10.2	285.90	268.40	6.5
2021年6月	49471.60	44441.70	11.3	287.70	264.60	8.7
2021年7月	50825.60	44997.10	13.0	300.60	271.30	10.8
2021年8月	52011.20	45540.10	14.2	311.80	276.80	12.6
2021年9月	51544.20	45316.40	13.7	309.00	273.70	12.9
2021年10月	53263.70	45803.80	16.3	307.50	278.40	10.5
2021年11月	54780.50	46455.10	17.9	300.90	276.40	8.9

数据来源：中国国家统计局网站

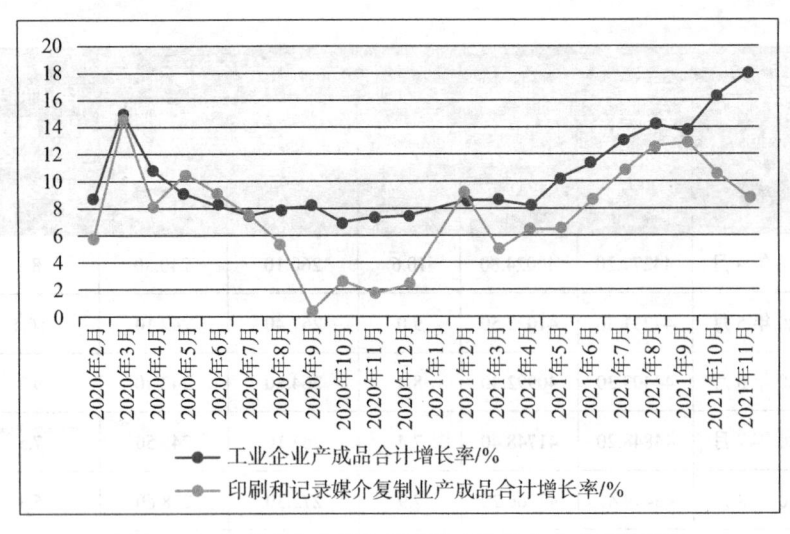

图 8-4 工业企业与印刷和记录媒介复制业产成品增长率

8.5 工业企业与印刷和记录媒介复制业企业总资产及增长率

如表 8-5 和图 8-5 所示，工业企业总资产增长率与印刷和记录媒介复制业总资产增长率均为正数，工业企业总资产增长率整体高于印刷企业总资产增长率，印刷企业总资产增长率波动较大。

表 8-5 工业企业与印刷和记录媒介复制业总资产及增长率

时间	工业企业资产合计本月末/亿元	工业企业资产合计上年同期/亿元	工业企业资产合计增长率/%	印刷和记录媒介复制业资产合计本月末/亿元	印刷和记录媒介复制业资产合计上年同期/亿元	印刷和记录媒介复制业资产合计增长率/%
2020 年 2 月	1149663.50	1081679.80	6.3	5445.20	5336.60	2.0
2020 年 3 月	1165720.00	1097713.40	6.2	5653.30	5435.80	4.0

续表

时间	工业企业资产合计本月末/亿元	工业企业资产合计上年同期/亿元	工业企业资产合计增长率/%	印刷和记录媒介复制业资产合计本月末/亿元	印刷和记录媒介复制业资产合计上年同期/亿元	印刷和记录媒介复制业资产合计增长率/%
2020年4月	1176917.20	1107589.10	6.3	5709.40	5423.60	5.3
2020年5月	1189439.20	1117657.60	6.4	5769.90	5467.00	5.5
2020年6月	1201394.20	1128191.30	6.5	5887.50	5554.40	6.0
2020年7月	1208934.50	1134208.20	6.6	5863.30	5574.50	5.2
2020年8月	1222525.70	1146070.30	6.7	5957.40	5664.30	5.2
2020年9月	1236779.00	1159644.20	6.7	6058.20	5749.10	5.4
2020年10月	1249582.70	1169108.30	6.9	6112.00	5811.50	5.2
2020年11月	1266966.60	1185079.20	6.9	6208.00	5928.50	4.7
2020年12月	1267550.20	1188318.20	6.7	6267.80	6016.40	4.2
2021年2月	1269029.80	1157475.50	9.6	6079.20	5499.70	10.5
2021年3月	1286999.90	1175184.30	9.5	6119.70	5703.60	7.3
2021年4月	1299903.60	1188403.30	9.4	6155.60	5782.50	6.5
2021年5月	1314070.90	1202210.70	9.3	6253.90	5839.20	7.1
2021年6月	1326302.90	1214002.70	9.3	6322.40	5912.20	6.9
2021年7月	1334051.30	1223722.40	9.0	6392.90	6000.10	6.5
2021年8月	1353958.10	1240378.30	9.2	6458.20	6106.30	5.8
2021年9月	1367924.00	1253560.40	9.1	6515.80	6200.10	5.1
2021年10月	1385978.30	1265029.50	9.6	6559.00	6257.70	4.8
2021年11月	1410704.30	1284295.20	9.8	6687.60	6367.50	5.0

数据来源：中国国家统计局网站

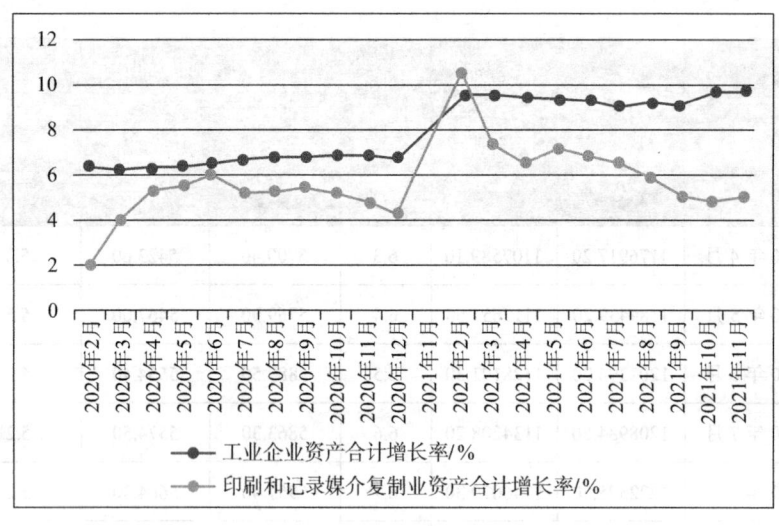

图 8-5 工业企业与印刷和记录媒介复制业总资产增长率

8.6 工业企业与印刷和记录媒介复制业企业总负债及增长率

如表 8-6 和图 8-6 所示,工业企业总负债增长率与印刷和记录媒介复制业总负债增长率均为正数,工业企业总负债增长率整体高于印刷企业总负债增长率,印刷企业总负债增长率波动较大。

表 8-6 工业企业与印刷和记录媒介复制业总负债及增长率

时间	工业企业负债合计本月末/亿元	工业企业负债合计上年同期/亿元	工业企业负债合计增长率/%	印刷和记录媒介复制业负债合计本月末/亿元	印刷和记录媒介复制业负债合计上年同期/亿元	印刷和记录媒介复制业负债合计增长率/%
2020 年 2 月	647435.60	615030.40	5.3	2483.50	2468.10	0.6
2020 年 3 月	659976.20	626196.20	5.4	2586.90	2551.60	1.4

续表

时间	工业企业负债合计本月末/亿元	工业企业负债合计上年同期/亿元	工业企业负债合计增长率/%	印刷和记录媒介复制业负债合计本月末/亿元	印刷和记录媒介复制业负债合计上年同期/亿元	印刷和记录媒介复制业负债合计增长率/%
2020年4月	667989.80	629175.60	6.2	2613.80	2517.40	3.8
2020年5月	677173.90	635089.40	6.6	2660.30	2538.20	4.8
2020年6月	684114.00	642691.50	6.4	2709.80	2608.60	3.9
2020年7月	685027.00	642994.20	6.5	2729.50	2615.20	4.4
2020年8月	692917.20	650050.20	6.6	2749.80	2651.80	3.7
2020年9月	701061.40	657848.70	6.6	2795.30	2703.30	3.4
2020年10月	707186.00	662172.60	6.8	2822.20	2718.70	3.8
2020年11月	717585.70	671873.40	6.8	2863.00	2788.90	2.7
2020年12月	710582.50	669808.20	6.1	2854.50	2774.80	2.9
2021年2月	712705.10	651588.80	9.4	2787.00	2521.00	10.6
2021年3月	724740.20	664629.40	9.0	2809.90	2627.30	7.0
2021年4月	731789.60	673900.80	8.6	2833.60	2654.00	6.8
2021年5月	739629.80	683720.10	8.2	2887.50	2702.60	6.8
2021年6月	749586.30	690921.80	8.5	2933.70	2747.60	6.8
2021年7月	751550.40	694450.20	8.2	2951.00	2804.40	5.2
2021年8月	763761.00	704763.80	8.4	2987.60	2830.30	5.6
2021年9月	770623.10	712372.30	8.2	3005.40	2872.40	4.6
2021年10月	780713.50	717256.30	8.8	3019.50	2901.00	4.1
2021年11月	795694.30	729029.50	9.1	3102.20	2944.50	5.4

数据来源：中国国家统计局网站

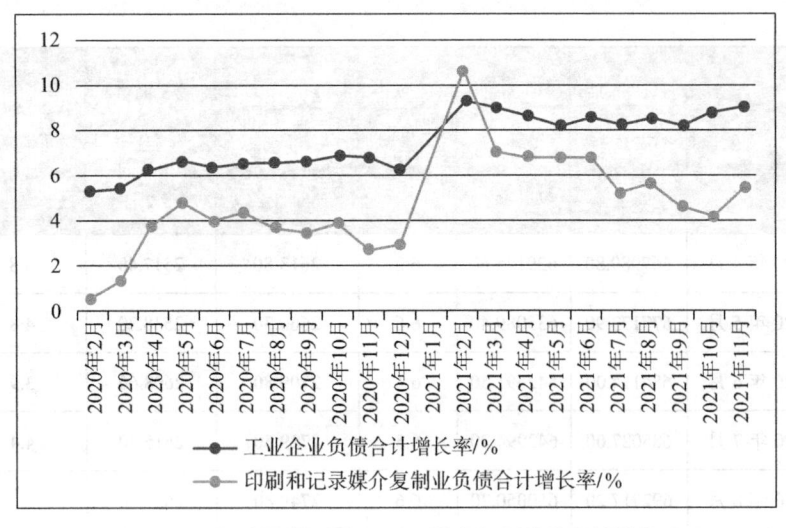

图 8-6 工业企业与印刷和记录媒介复制业总负债增长率

8.7 工业企业与印刷和记录媒介复制业企业营业收入及增长率

如表 8-7 和图 8-7 所示,工业企业营业收入增长率自 2020 年 11 月开始为正数,印刷和记录媒介复制业企业营业收入增长率自 2021 年 2 月开始为正数,工业企业营业收入增长率整体高于印刷和记录媒介复制业企业营业收入增长率,二者变化趋势一致。

表 8-7 工业企业与印刷和记录媒介复制业营业收入及增长率

时间	工业企业营业收入合计本月末/亿元	工业企业营业收入合计上年同期/亿元	工业企业营业收入合计增长率/%	印刷和记录媒介复制业营业收入合计本月末/亿元	印刷和记录媒介复制业营业收入合计上年同期/亿元	印刷和记录媒介复制业营业收入合计增长率/%
2020 年 2 月	116164.40	141231.80	−17.7	631.60	891.10	−29.1
2020 年 3 月	198574.90	233829.10	−15.1	1160.20	1483.60	−21.8

续表

时间	工业企业营业收入合计本月末/亿元	工业企业营业收入合计上年同期/亿元	工业企业营业收入合计增长率/%	印刷和记录媒介复制业营业收入合计本月末/亿元	印刷和记录媒介复制业营业收入合计上年同期/亿元	印刷和记录媒介复制业营业收入合计增长率/%
2020年4月	283082.50	314070.50	-9.9	1685.10	1952.70	-13.7
2020年5月	368770.00	398285.90	-7.4	2198.20	2464.90	-10.8
2020年6月	463093.30	488352.30	-5.2	2753.40	3041.20	-9.5
2020年7月	550581.80	572654.00	-3.9	3258.40	3588.30	-9.2
2020年8月	641977.90	659485.30	-2.7	3804.80	4129.50	-7.9
2020年9月	742293.20	753551.40	-1.5	4426.00	4733.10	-6.5
2020年10月	837800.90	843165.20	-0.6	5039.10	5342.30	-5.7
2020年11月	942246.20	941406.90	0.1	5722.50	6030.40	-5.1
2020年12月	1061433.60	1053408.30	0.8	6472.30	6825.40	-5.2
2021年2月	168726.60	115927.50	45.5	939.20	639.00	47.0
2021年3月	274828.00	198081.00	38.7	1535.40	1173.90	30.8
2021年4月	377831.70	282848.80	33.6	2126.00	1713.40	24.1
2021年5月	481530.00	368942.10	30.5	2701.10	2239.50	20.6
2021年6月	592931.90	463670.00	27.9	3331.80	2804.60	18.8
2021年7月	694769.50	553203.50	25.6	3949.00	3375.50	17.0
2021年8月	800010.00	645593.80	23.9	4546.20	3958.90	14.8
2021年9月	911623.90	746304.10	22.2	5199.70	4611.80	12.7
2021年10月	1022232.50	844354.40	21.1	5846.50	5249.60	11.4
2021年11月	1143083.80	950375.80	20.3	6580.70	5960.40	10.4

数据来源：中国国家统计局网站

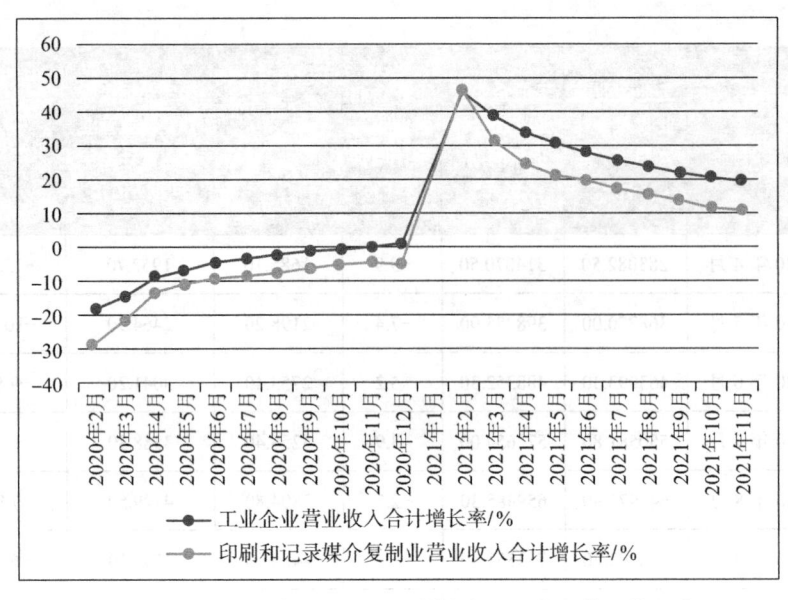

图 8-7　工业企业与印刷和记录媒介复制业营业收入增长率

8.8　工业企业与印刷和记录媒介复制业企业营业成本及增长率

如表 8-8 和图 8-8 所示,工业企业营业成本增长率自 2020 年 11 月开始为正数,印刷和记录媒介复制业企业营业成本增长率 2021 年 2 月开始为正数,工业企业营业成本增长率整体高于印刷和记录媒介复制业企业营业成本增长率,二者变化趋势一致。

表 8-8　工业企业与印刷和记录媒介复制业营业成本及增长率

时间	工业企业营业成本合计本月末/亿元	工业企业营业成本合计上年同期/亿元	工业企业营业成本合计增长率/%	印刷和记录媒介复制业营业成本合计本月末/亿元	印刷和记录媒介复制业营业成本合计上年同期/亿元	印刷和记录媒介复制业营业成本合计增长率/%
2020 年 2 月	97661.30	118762.80	−17.8	532.30	751.10	−29.1

续表

时间	工业企业营业成本合计本月末/亿元	工业企业营业成本合计上年同期/亿元	工业企业营业成本合计增长率/%	印刷和记录媒介复制业营业成本合计本月末/亿元	印刷和记录媒介复制业营业成本合计上年同期/亿元	印刷和记录媒介复制业营业成本合计增长率/%
2020年3月	168307.00	197050.00	-14.6	978.00	1250.60	-21.8
2020年4月	240373.20	264498.60	-9.1	1417.80	1643.30	-13.7
2020年5月	312607.40	335305.20	-6.8	1849.50	2071.70	-10.7
2020年6月	391601.20	410916.00	-4.7	2318.00	2557.50	-9.4
2020年7月	464904.50	482103.10	-3.6	2740.10	3015.90	-9.1
2020年8月	541536.40	555309.90	-2.5	3196.80	3465.60	-7.8
2020年9月	625313.80	634261.90	-1.4	3713.00	3965.60	-6.4
2020年10月	705235.40	709455.80	-0.6	4223.50	4472.20	-5.6
2020年11月	792225.20	791588.40	0.1	4788.10	5040.80	-5.0
2020年12月	890435.00	884818.80	0.6	5395.40	5687.90	-5.1
2021年2月	139909.00	97471.90	43.5	789.10	538.80	46.5
2021年3月	229126.70	167832.50	36.5	1297.30	990.60	31.0
2021年4月	315411.80	240067.00	31.4	1795.80	1443.30	24.4
2021年5月	401976.00	312565.30	28.6	2279.80	1886.30	20.9
2021年6月	495357.80	391886.70	26.4	2814.80	2363.90	19.1
2021年7月	581062.00	467016.00	24.4	3337.90	2841.50	17.5
2021年8月	669491.00	544481.60	23.0	3844.00	3330.30	15.4
2021年9月	763321.00	629167.10	21.3	4395.40	3874.40	13.4
2021年10月	855648.70	711375.00	20.3	4940.40	4406.00	12.1
2021年11月	957000.40	799748.10	19.7	5547.30	4992.40	11.1

数据来源：中国国家统计局网站

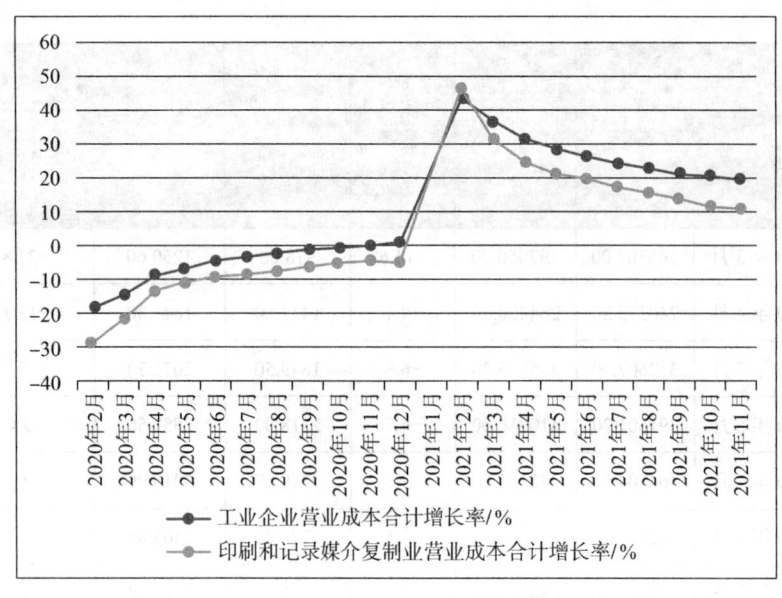

图 8-8　工业企业与印刷和记录媒介复制业营业成本增长率

8.9　工业企业与印刷和记录媒介复制业企业销售费用及增长率

如表 8-9 和图 8-9 所示，工业企业销售费用增长率与印刷和记录媒介复制业企业销售费用增长率自 2021 年 2 月开始为正数，二者变化趋势一致。

表 8-9　工业企业与印刷和记录媒介复制业销售费用及增长率

时间	工业企业销售费用合计本月末/亿元	工业企业销售费用合计上年同期/亿元	工业企业销售费用合计增长率/%	印刷和记录媒介复制业销售费用合计本月末/亿元	印刷和记录媒介复制业销售费用合计上年同期/亿元	印刷和记录媒介复制业销售费用合计增长率/%
2020 年 2 月	3621.10	4312.40	−16.0	20.40	27.10	−24.7
2020 年 3 月	5942.30	6971.40	−14.8	34.40	42.90	−19.8

续表

时间	工业企业销售费用合计本月末/亿元	工业企业销售费用合计上年同期/亿元	工业企业销售费用合计增长率/%	印刷和记录媒介复制业销售费用合计本月末/亿元	印刷和记录媒介复制业销售费用合计上年同期/亿元	印刷和记录媒介复制业销售费用合计增长率/%
2020年4月	8283.80	9401.30	-11.9	48.30	56.80	-15.0
2020年5月	10652.60	11855.90	-10.1	61.80	71.20	-13.2
2020年6月	13470.50	14515.70	-7.2	76.90	86.00	-10.6
2020年7月	15892.90	16947.70	-6.2	90.20	101.90	-11.5
2020年8月	18390.40	19441.60	-5.4	105.20	117.20	-10.2
2020年9月	21350.50	22252.70	-4.1	123.10	134.80	-8.7
2020年10月	23946.80	24741.40	-3.2	140.00	151.50	-7.6
2020年11月	26784.70	27498.10	-2.6	157.50	170.60	-7.7
2020年12月	30480.20	31113.40	-2.0	180.90	194.90	-7.2
2021年2月	4714.40	3588.20	31.4	28.00	20.60	35.9
2021年3月	7537.80	5912.60	27.5	44.40	34.80	27.6
2021年4月	10133.70	8255.50	22.8	60.10	49.00	22.7
2021年5月	12703.60	10630.70	19.5	76.00	62.90	20.8
2021年6月	15727.00	13466.70	16.8	93.60	78.30	19.5
2021年7月	18225.90	15930.90	14.4	110.00	93.50	17.6
2021年8月	20822.70	18458.30	12.8	125.30	109.50	14.4
2021年9月	23608.90	21348.20	10.6	142.30	128.10	11.1
2021年10月	26147.70	23966.80	9.1	159.60	145.80	9.5
2021年11月	28981.50	26831.80	8.0	178.80	164.10	9.0

数据来源：中国国家统计局网站

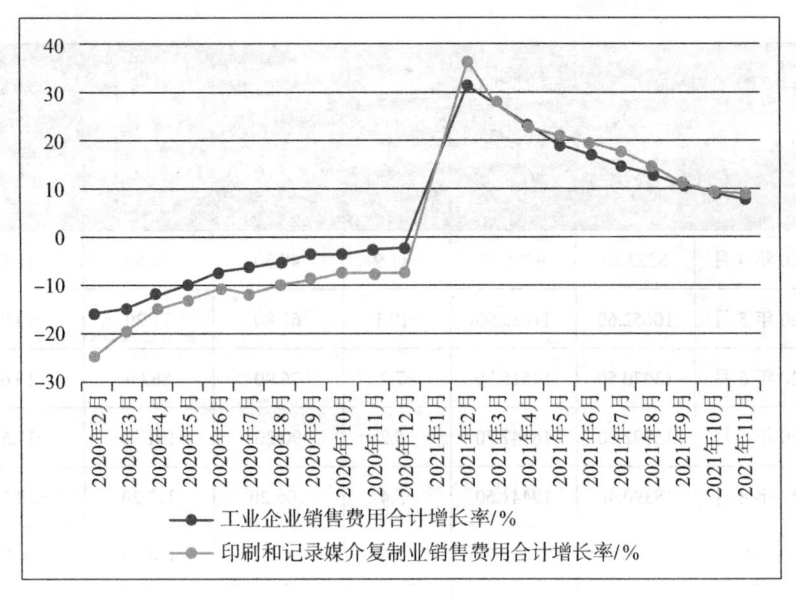

图 8-9　工业企业与印刷和记录媒介复制业销售费用增长率

8.10　工业企业与印刷和记录媒介复制业企业管理费用及增长率

如表 8-10 和图 8-10 所示，工业企业管理费用增长率与印刷和记录媒介复制业企业管理费用增长率自 2021 年 2 月开始为正数，工业企业管理费用增长率高于印刷企业管理费用增长率，二者变化趋势一致。

表 8-10　工业企业与印刷和记录媒介复制业管理费用及增长率

时间	工业企业管理费用合计本月末/亿元	工业企业管理费用合计上年同期/亿元	工业企业管理费用合计增长率/%	印刷和记录媒介复制业管理费用合计本月末/亿元	印刷和记录媒介复制业管理费用合计上年同期/亿元	印刷和记录媒介复制业管理费用合计增长率/%
2020 年 2 月	4786.90	5429.00	−11.8	45.70	53.80	−15.1

续表

时间	工业企业管理费用合计本月末/亿元	工业企业管理费用合计上年同期/亿元	工业企业管理费用合计增长率/%	印刷和记录媒介复制业管理费用合计本月末/亿元	印刷和记录媒介复制业管理费用合计上年同期/亿元	印刷和记录媒介复制业管理费用合计增长率/%
2020年3月	7602.70	8466.10	−10.2	71.50	82.80	−13.6
2020年4月	10285.10	11260.60	−8.7	97.40	110.10	−11.5
2020年5月	12973.30	14091.30	−7.9	122.90	138.80	−11.5
2020年6月	16088.70	17282.50	−6.9	151.30	169.20	−10.6
2020年7月	18902.60	20154.00	−6.2	176.70	197.10	−10.4
2020年8月	21741.50	23131.30	−6.0	203.80	225.30	−9.5
2020年9月	24999.70	26362.90	−5.2	234.50	256.40	−8.5
2020年10月	28040.80	29362.60	−4.5	263.00	286.30	−8.1
2020年11月	31327.90	32480.10	−3.5	293.20	319.40	−8.2
2020年12月	36421.30	37257.80	−2.2	335.90	365.10	−8.0
2021年2月	5777.70	4820.30	19.9	55.20	46.40	19.0
2021年3月	9176.70	7671.80	19.6	85.70	72.60	18.0
2021年4月	12255.00	10394.50	17.9	115.30	99.10	16.3
2021年5月	15298.60	13121.50	16.6	143.40	124.90	14.8
2021年6月	18862.70	16281.60	15.9	176.70	153.50	15.1
2021年7月	22062.00	19152.60	15.2	208.70	181.60	14.9
2021年8月	25343.30	22064.90	14.9	239.00	210.40	13.6
2021年9月	28971.90	25348.90	14.3	270.50	242.10	11.7
2021年10月	32408.10	28457.20	13.9	302.80	271.60	11.5
2021年11月	36228.70	31792.40	14.0	337.40	303.70	11.1

数据来源：中国国家统计局网站

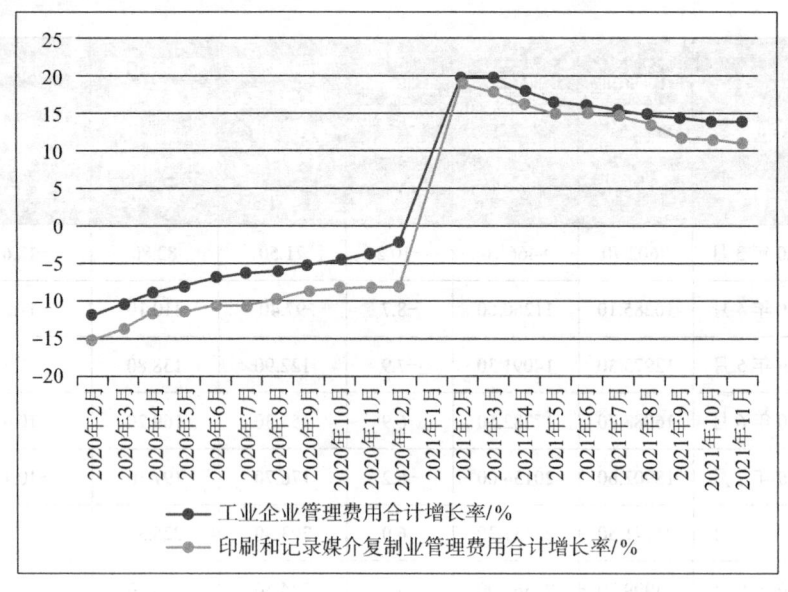

图 8-10 工业企业与印刷和记录媒介复制业管理费用增长率

8.11 工业企业与印刷和记录媒介复制业企业财务费用及增长率

如表 8-11 和图 8-11 所示，工业企业财务费用增长率与印刷和记录媒介复制业企业财务费用增长率均出现波动，印刷企业财务费用增长率波动大于工业企业财务费用增长率波动，二者变化趋势一致。

表 8-11 工业企业与印刷和记录媒介复制业财务费用及增长率

时间	工业企业财务费用合计本月末/亿元	工业企业财务费用合计上年同期/亿元	工业企业财务费用合计增长率/%	印刷和记录媒介复制业财务费用合计本月末/亿元	印刷和记录媒介复制业财务费用合计上年同期/亿元	印刷和记录媒介复制业财务费用合计增长率/%
2020 年 2 月	1675.00	1886.80	−11.2	6.60	9.00	−26.7

续表

时间	工业企业财务费用合计本月末/亿元	工业企业财务费用合计上年同期/亿元	工业企业财务费用合计增长率/%	印刷和记录媒介复制业财务费用合计本月末/亿元	印刷和记录媒介复制业财务费用合计上年同期/亿元	印刷和记录媒介复制业财务费用合计增长率/%
2020年3月	2665.30	2910.00	-8.4	10.50	12.40	-15.3
2020年4月	3568.90	3819.10	-6.6	14.20	16.30	-12.9
2020年5月	4433.00	4674.30	-5.2	17.50	19.50	-10.3
2020年6月	5411.20	5693.10	-5.0	21.30	23.70	-10.1
2020年7月	6376.20	6608.10	-3.5	25.50	27.70	-7.9
2020年8月	7378.60	7454.10	-1.0	30.30	30.50	-0.7
2020年9月	8370.30	8436.90	-0.8	35.00	34.30	2.0
2020年10月	9369.60	9379.70	-0.1	39.80	38.50	3.4
2020年11月	10420.90	10342.10	0.8	46.00	43.30	6.2
2020年12月	11585.90	11350.80	2.1	52.20	49.30	5.9
2021年2月	1762.30	1668.50	5.6	7.80	6.70	16.4
2021年3月	2627.50	2654.00	-1.0	10.90	10.50	3.8
2021年4月	3627.90	3563.60	1.8	15.40	14.20	8.5
2021年5月	4673.20	4429.20	5.5	20.00	17.60	13.6
2021年6月	5567.80	5414.20	2.8	23.80	21.60	10.2
2021年7月	6465.10	6383.60	1.3	27.60	26.10	5.7
2021年8月	7383.50	7392.30	-0.1	31.40	31.10	1.0
2021年9月	8290.50	8381.20	-1.1	35.30	36.00	-1.9
2021年10月	9284.80	9380.00	-1.0	39.80	41.00	-2.9
2021年11月	10269.20	10448.30	-1.7	44.90	47.30	-5.1

数据来源：中国国家统计局网站

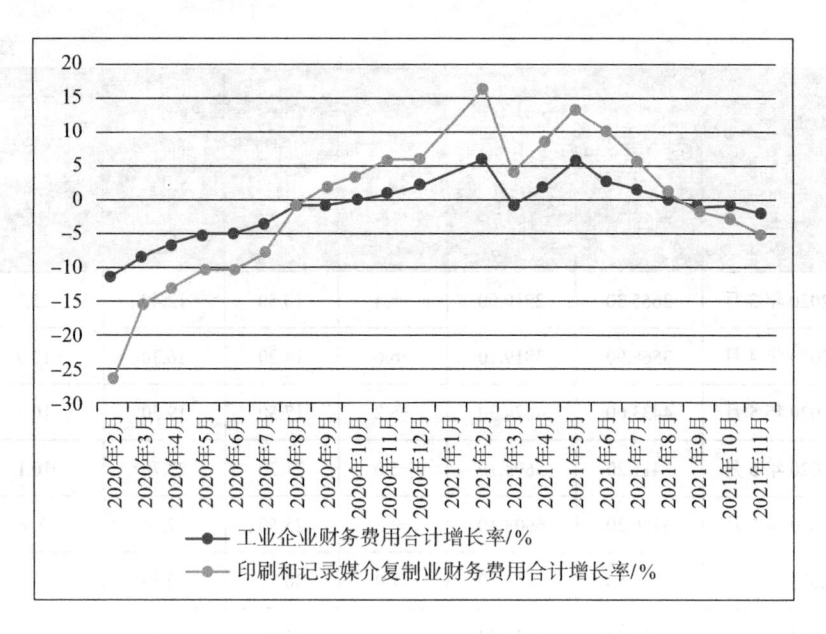

图 8-11 工业企业与印刷和记录媒介复制业财务费用增长率

8.12 工业企业与印刷和记录媒介复制业企业营业利润及增长率

如表 8-12 和图 8-12 所示，工业企业营业利润增长率逐步增长，2020 年 10 月开始为正数，2021 年 2 月达到最大值后有所下降，印刷和记录媒介复制业企业营业利润增长率变化趋势与工业企业营业利润增长率相似，但增长率低于工业企业。

表 8-12 工业企业与印刷和记录媒介复制业营业利润及增长率

时间	工业企业营业利润合计本月末/亿元	工业企业营业利润合计上年同期/亿元	工业企业营业利润合计增长率/%	印刷和记录媒介复制业营业利润合计本月末/亿元	印刷和记录媒介复制业营业利润合计上年同期/亿元	印刷和记录媒介复制业营业利润合计增长率/%
2020 年 2 月	3969.60	6423.40	-38.2	15.40	38.40	-59.9

续表

时间	工业企业营业利润合计本月末/亿元	工业企业营业利润合计上年同期/亿元	工业企业营业利润合计增长率/%	印刷和记录媒介复制业营业利润合计本月末/亿元	印刷和记录媒介复制业营业利润合计上年同期/亿元	印刷和记录媒介复制业营业利润合计增长率/%
2020年3月	7523.40	11979.40	-37.2	45.60	74.80	-39.0
2020年4月	12142.50	16808.20	-27.8	79.50	100.90	-21.2
2020年5月	17848.20	22155.60	-19.4	112.60	132.60	-15.1
2020年6月	24273.40	27964.20	-13.2	147.00	170.60	-13.8
2020年7月	30007.00	32739.90	-8.3	179.50	203.80	-11.9
2020年8月	35984.20	37747.00	-4.7	212.40	239.70	-11.4
2020年9月	42251.30	43492.40	-2.9	255.10	278.70	-8.5
2020年10月	48485.30	48380.80	0.2	292.60	319.20	-8.3
2020年11月	55649.90	54564.60	2.0	342.00	365.50	-6.4
2020年12月	62135.30	60004.10	3.6	395.90	423.10	-6.4
2021年2月	10892.40	3854.50	182.6	41.00	15.10	171.5
2021年3月	17873.60	7397.40	141.6	66.80	44.70	49.4
2021年4月	25417.30	12121.40	109.7	100.70	79.30	27.0
2021年5月	33603.20	18071.30	85.9	135.40	113.70	19.1
2021年6月	41378.00	24404.50	69.6	165.00	147.20	12.1
2021年7月	48286.70	30269.10	59.5	195.20	184.50	5.8
2021年8月	54935.60	36274.40	51.4	224.70	219.00	2.6
2021年9月	62237.60	42380.40	46.9	258.80	262.90	-1.6
2021年10月	70389.80	48727.70	44.5	291.20	302.10	-3.6
2021年11月	78514.40	55962.00	40.3	343.30	353.60	-2.9

数据来源：中国国家统计局网站

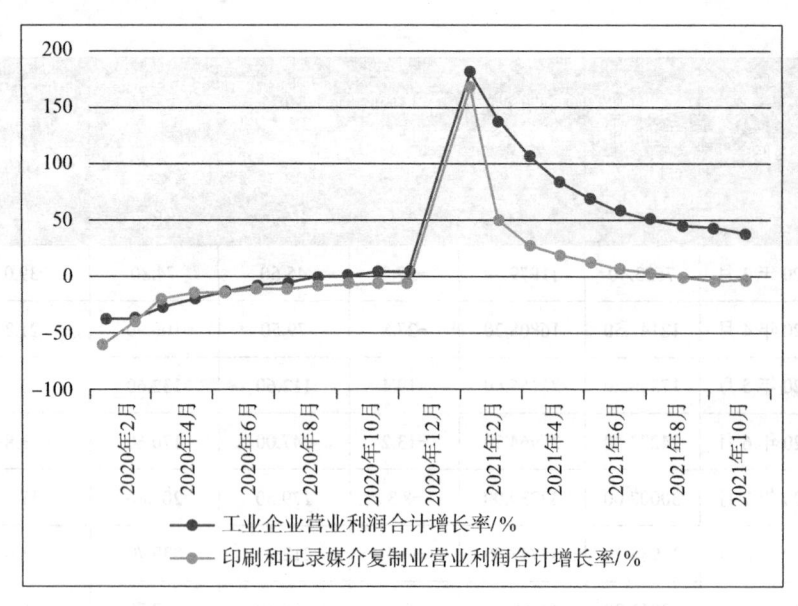

图 8-12　工业企业与印刷和记录媒介复制业营业利润增长率

8.13　工业企业与印刷和记录媒介复制业企业利润总额及增长率

如表 8-13 和图 8-13 所示，工业企业利润总额增长率逐步增长，2020 年 10 月开始为正数，2021 年 2 月达到最大值后有所下降，印刷和记录媒介复制业企业利润总额增长率变化趋势与工业企业营业利润增长率相似，但增长率低于工业企业。

表 8-13　工业企业与印刷和记录媒介复制业利润总额及增长率

时间	工业企业利润总额合计本月末/亿元	工业企业利润总额合计上年同期/亿元	工业企业利润总额合计增长率/%	印刷和记录媒介复制业利润总额合计本月末/亿元	印刷和记录媒介复制业利润总额合计上年同期/亿元	印刷和记录媒介复制业利润总额合计增长率/%
2020 年 2 月	4107.00	6656.00	−38.3	16.50	41.50	−60.2

续表

时间	工业企业利润总额合计本月末/亿元	工业企业利润总额合计上年同期/亿元	工业企业利润总额增长率/%	印刷和记录媒介复制业利润总额合计本月末/亿元	印刷和记录媒介复制业利润总额合计上年同期/亿元	印刷和记录媒介复制业利润总额合计增长率/%
2020年3月	7814.50	12352.60	-36.7	48.40	79.00	-38.7
2020年4月	12597.90	17349.10	-27.4	84.00	106.60	-21.2
2020年5月	18434.90	22845.00	-19.3	118.80	139.40	-14.8
2020年6月	25114.90	28818.00	-12.8	154.80	179.50	-13.8
2020年7月	31022.90	33746.00	-8.1	189.20	213.20	-11.3
2020年8月	37166.50	38891.60	-4.4	223.60	250.90	-10.9
2020年9月	43665.00	44760.10	-2.4	267.20	291.10	-8.2
2020年10月	50124.20	49775.50	0.7	307.30	332.70	-7.6
2020年11月	57445.00	56079.90	2.4	358.60	380.50	-5.8
2020年12月	64516.10	61967.30	4.1	416.20	441.50	-5.7
2021年2月	11140.10	3993.90	178.9	43.60	16.20	169.1
2021年3月	18253.80	7690.70	137.3	71.20	47.70	49.3
2021年4月	25943.50	12586.20	106.1	106.60	84.20	26.6
2021年5月	34247.40	18670.90	83.4	142.20	120.30	18.2
2021年6月	42183.30	25268.90	66.9	173.70	155.30	11.8
2021年7月	49239.50	31312.80	57.3	207.10	194.70	6.4
2021年8月	56051.40	37490.00	49.5	238.10	230.70	3.2
2021年9月	63440.80	43828.40	44.7	273.90	275.60	-0.6
2021年10月	71649.90	50401.10	42.2	307.60	317.40	-3.1
2021年11月	79750.10	57789.80	38.0	361.60	370.70	-2.5

数据来源：中国国家统计局网站

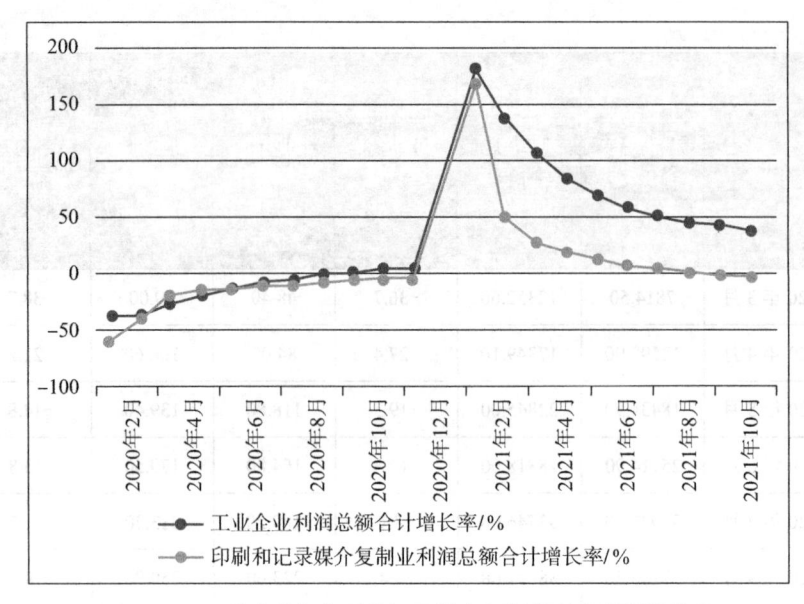

图 8-13　工业企业与印刷和记录媒介复制业利润总额增长率

8.14　工业企业与印刷和记录媒介复制业企业平均用工人数及增长率

如表 8-14 和图 8-14 所示，工业企业平均用工人数增长率与印刷和记录媒介复制业企业平均用工人数增长率均出现波动，印刷和记录媒介复制业企业平均用工人数增长率波动小于工业企业平均用工人数增长率波动，二者变化趋势一致。

表 8-14　工业企业与印刷和记录媒介复制业平均用工人数及增长率

时间	工业企业平均用工人数合计本月末/亿元	工业企业平均用工人数合计上年同期/亿元	工业企业平均用工人数合计增长率/%	印刷和记录媒介复制业平均用工人数合计本月末/亿元	印刷和记录媒介复制业平均用工人数合计上年同期/亿元	印刷和记录媒介复制业平均用工人数合计增长率/%
2020年2月	6835.40	7301.60	-6.4	73.80	79.80	-7.5

续表

时间	工业企业平均用工人数合计本月末/亿元	工业企业平均用工人数合计上年同期/亿元	工业企业平均用工人数合计增长率/%	印刷和记录媒介复制业平均用工人数合计本月末/亿元	印刷和记录媒介复制业平均用工人数合计上年同期/亿元	印刷和记录媒介复制业平均用工人数合计增长率/%
2020年3月	7005.90	7371.10	-5.0	76.10	80.50	-5.5
2020年4月	7089.10	7407.70	-4.3	76.60	80.50	-4.8
2020年5月	7115.20	7426.50	-4.2	77.10	81.10	-4.9
2020年6月	7146.70	7450.80	-4.1	77.70	82.00	-5.2
2020年7月	7170.00	7465.10	-4.0	77.70	82.20	-5.5
2020年8月	7194.20	7470.30	-3.7	78.00	82.30	-5.2
2020年9月	7232.00	7493.40	-3.5	78.10	82.10	-4.9
2020年10月	7249.00	7500.40	-3.4	78.50	81.90	-4.2
2020年11月	7281.60	7512.50	-3.1	79.00	82.20	-3.9
2020年12月	7318.00	7554.00	-3.1	79.80	83.20	-4.1
2021年2月	7109.40	6899.00	3.0	76.70	74.70	2.7
2021年3月	7200.00	7081.10	1.7	77.40	77.20	0.3
2021年4月	7251.20	7181.70	1.0	78.00	77.80	0.3
2021年5月	7273.40	7221.60	0.7	78.60	78.30	0.4
2021年6月	7310.00	7260.50	0.7	79.10	78.80	0.4
2021年7月	7323.50	7301.00	0.3	80.50	80.30	0.2
2021年8月	7328.40	7331.40	0.0	80.40	80.70	-0.4
2021年9月	7346.90	7364.00	-0.2	80.50	81.00	-0.6
2021年10月	7360.90	7387.70	-0.4	80.50	81.40	-1.1
2021年11月	7398.20	7419.10	-0.3	80.60	82.00	-1.7

数据来源：中国国家统计局网站

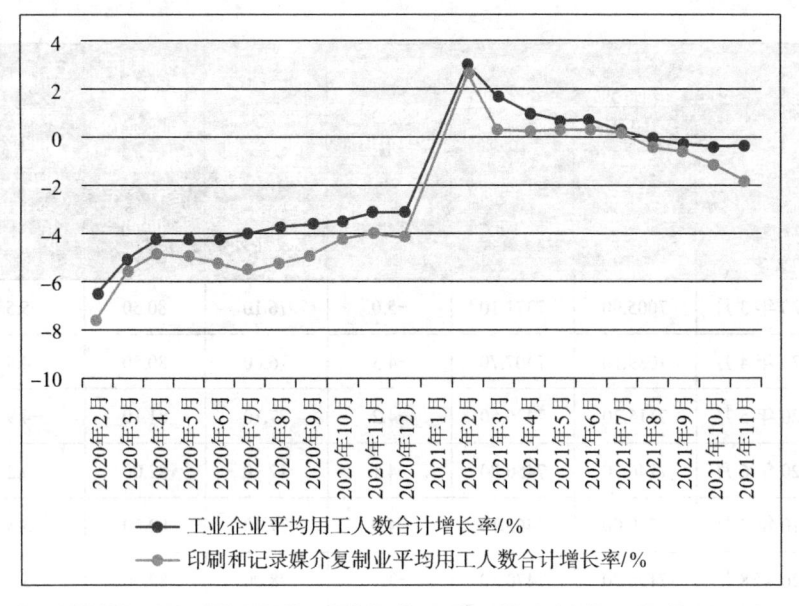

图 8-14　工业企业与印刷和记录媒介复制业平均用工人数增长率

第三部分
专题报告 2——
重点省市印刷业发展状况

第9章 北京市印刷业发展状况分析

9.1 北京市规模以上印刷企业指标分析

如表9-1所示,截至2020年底,北京市规模以上印刷企业总数为90家,资产总计219.39亿元,负债合计72.20亿元,平均用工人数18232人。2020年实现营业收入145.71亿元,利润总额10.89亿元,工业总产值113.98亿元。

表9-1 北京市规模以上印刷企业主要经济指标

指标	2018年	2019年	2020年
企业单位数/个	90	95	90
工业总产值/亿元	129.41	134.0	113.98
平均用工人数/人	19610	18919	18232
资产总计/亿元	218.31	223.24	219.39
负债合计/亿元	78.58	75.82	72.20
营业收入/亿元	156.55	154.97	145.71
营业成本/亿元	119.69	116.21	110.89
利润总额/亿元	14.0	13.89	10.89

数据来源:北京市统计年鉴2019—2021

如表 9-2 所示，近几年，由于相关政策及产业结构调整，加之 2020 年暴发的新冠肺炎疫情影响，北京印刷业规模呈下降趋势，2020 年主要经济指标增长率均为负数。

表 9-2　北京市规模以上印刷企业主要经济指标增长率　　　　单位：%

指标	2019 年	2020 年
企业单位数增长率	5.6	-5.3
工业总产值增长率	3.5	-14.9
平均用工人数增长率	-3.5	-3.6
资产总计增长率	2.3	-1.7
负债合计增长率	-3.5	-4.8
营业收入增长率	-1.0	-6.0
营业成本增长率	-2.9	-4.6
利润总额增长率	-0.8	-21.6

数据来源：根据中国统计年鉴数据计算

9.2　规模以上国有及国有控股印刷企业指标分析

如表 9-3 所示，截至 2020 年底，北京市规模以上国有及国有控股印刷企业总数为 28 家，资产总计 120.08 亿元，负债合计 30.99 亿元，平均用工人数 8950 人。2020 年实现营业收入 77.75 亿元，利润总额 8.12 亿元，工业总产值 57.76 亿元。

表 9-3　北京市规模以上国有及国有控股印刷企业主要经济指标

指标	2018 年	2019 年	2020 年
企业单位数 / 个	31	31	28
工业总产值 / 亿元	73.14	74.53	57.76
平均用工人数 / 人	10238	9549	8950
资产总计 / 亿元	122.59	126.04	120.08

续表

指标	2018年	2019年	2020年
负债合计/亿元	38.06	36.76	30.99
营业收入/亿元	91.75	88.33	77.75
营业成本/亿元	65.94	63.29	55.31
利润总额/亿元	11.94	10.23	8.12

数据来源：北京市统计年鉴2019—2021

如表9-4所示，2020年，北京市规模以上国有及国有控股印刷企业主要经济指标增长率均为负数，收入和利润均下滑。

表9-4 北京市规模以上国有及国有控股印刷企业主要经济指标增长率　　单位：%

指标	2019年	2020年
企业单位数增长率	0.0	-9.7
工业总产值增长率	1.9	-22.5
平均用工人数增长率	-6.7	-6.3
资产总计增长率	2.8	-4.7
负债合计增长率	-3.4	-15.7
营业收入增长率	-3.7	-12.0
营业成本增长率	-4.0	-12.6
利润总额增长率	-14.3	-20.6

数据来源：根据中国统计年鉴数据计算

9.3　北京市港澳台及外商投资印刷企业指标分析

如表9-5所示，截至2020年底，北京市港澳台及外商投资印刷企业总数为10家，资产总计19.69亿元，负债合计5.30亿元，平均用工人数2104人。2020年实现营业收入14.90亿元，利润总额1.19亿元，工业总产值13.48亿元。

表 9-5 北京市港澳台及外商投资印刷企业主要经济指标

指标	2018 年	2019 年	2020 年
企业单位数 / 个	11	11	10
工业总产值 / 亿元	14.78	14.30	13.48
平均用工人数 / 人	2494	2220	2104
资产总计 / 亿元	20.71	21.96	19.69
负债合计 / 亿元	6.98	7.75	5.30
营业收入 / 亿元	16.01	15.45	14.90
营业成本 / 亿元	13.39	12.33	11.55
利润总额 / 亿元	0.37	0.77	1.19

数据来源：北京市统计年鉴 2019—2021

如表 9-6 所示，2019 年和 2020 年，北京市港澳台及外商投资印刷企业营业收入和工业总产值下降，利润保持大幅增长，效益有所改善。

表 9-6 北京市港澳台及外商投资印刷企业主要经济指标增长率　　单位：%

指标	2019 年	2020 年
企业单位数增长率	0.0	-9.1
工业总产值增长率	-3.2	-5.7
平均用工人数增长率	-11.0	-5.2
资产总计增长率	6.0	-10.3
负债合计增长率	11.0	-31.6
营业收入增长率	-3.5	-3.6
营业成本增长率	-7.9	-6.3
利润总额增长率	108.1	54.5

数据来源：根据中国统计年鉴数据计算

9.4 北京市大中型印刷企业指标分析

如表9-7所示，截至2020年底，北京市大中型印刷企业总数为14家，资产总计125.51亿元，负债合计31.22亿元，平均用工人数9421人。2020年实现营业收入83.56亿元，利润总额7.14亿元，工业总产值64.35亿元。

表9-7 北京市大中型印刷企业主要经济指标

指标	2018年	2019年	2020年
企业单位数/个	16	17	14
工业总产值/亿元	79.41	81.69	64.35
平均用工人数/人	11063	10896	9421
资产总计/亿元	129.14	133.61	125.51
负债合计/亿元	35.49	35.56	31.22
营业收入/亿元	96.45	94.05	83.56
营业成本/亿元	72.19	69.78	63.28
利润总额/亿元	8.01	9.55	7.14

数据来源：北京市统计年鉴2019—2021

如表9-8所示，2019年，北京市大中型印刷企业营业收入下降而利润总额增长19.2%，2020年，主要经济指标增长率均为负数。

表9-8 北京市大中型印刷企业主要经济指标增长率　　　　单位：%

指标	2019年	2020年
企业单位数增长率	6.3	-17.6
工业总产值增长率	2.9	-21.2
平均用工人数增长率	-1.5	-13.5
资产总计增长率	3.5	-6.1

续表

指标	2019 年	2020 年
负债合计增长率	0.2	-12.2
营业收入增长率	-2.5	-11.2
营业成本增长率	-3.3	-9.3
利润总额增长率	19.2	-25.2

数据来源：北京市统计年鉴 2019—2021

第10章 山东省印刷业发展状况分析

10.1 山东省规模以上印刷企业指标分析

如表10-1所示,截至2020年底,山东省规模以上印刷企业总数为305家,资产总计258.27亿元,负债合计142.41亿元,平均用工人数3.35万人。2020年实现营业收入234.94亿元,利润总额10.48亿元。

表10-1 山东省规模以上印刷企业主要经济指标

指标	2018年	2019年	2020年
企业单位数/个	—	352	305
平均用工人数/万人	5.9	4.05	3.35
资产总计/亿元	378.0	296.93	258.27
负债合计/亿元	191.0	166.10	142.41
营业收入/亿元	410.4	274.01	234.94
营业成本/亿元	—	233.34	199.35
利润总额/亿元	19.7	11.65	10.48

数据来源:山东省统计年鉴2019—2021

如表10-2所示，山东省规模以上印刷企业主要经济指标增长率均为负数，产业结构调整及2020年新冠肺炎疫情给印刷业带来较大的影响。

表10-2　山东省规模以上印刷企业主要经济指标增长率　　　单位：%

指标	2019年	2020年
企业单位数增长率	—	-13.4
平均用工人数增长率	-31.4	-17.3
资产总计增长率	-21.4	-13.0
负债合计增长率	-13.0	-14.3
营业收入增长率	-33.2	-14.3
营业成本增长率	—	-14.6
利润总额增长率	-40.9	-10.0

数据来源：根据中国统计年鉴数据计算

10.2　山东省规模以上国有及国有控股印刷企业指标分析

如表10-3所示，截至2020年底，山东省规模以上国有及国有控股印刷企业总数为19家，资产总计30.67亿元，负债合计13.28亿元，平均用工人数0.46万人。2020年实现营业收入17.49亿元，利润总额0.97亿元。

表10-3　山东省规模以上国有及国有控股印刷企业主要经济指标

指标	2018年	2019年	2020年
企业单位数/个	—	19	19
平均用工人数/万人	0.6	0.50	0.46
资产总计/亿元	30.6	31.98	30.67
负债合计/亿元	15.3	15.31	13.28

续表

指标	2018年	2019年	2020年
营业收入/亿元	24.1	19.98	17.49
营业成本/亿元	—	15.45	13.44
利润总额/亿元	1.0	1.33	0.97

数据来源：山东省统计年鉴2019—2021

如表10-4所示，2020年，山东省规模以上国有及国有控股印刷企业主要经济指标增长率均为零或负数，收入和利润均下降，2019年相比2020年利润总额有较大增长。

表10-4　山东省规模以上国有及国有控股印刷企业主要经济指标增长率　　单位：%

指标	2019年	2020年
企业单位数增长率	—	0.0
平均用工人数增长率	-16.7	-8.0
资产总计增长率	4.5	-4.1
负债合计增长率	0.1	-13.3
营业收入增长率	-17.1	-12.5
营业成本增长率	—	-13.0
利润总额增长率	33.0	-27.1

数据来源：根据中国统计年鉴数据计算

10.3　山东省港澳台及外商投资印刷企业指标分析

如表10-5所示，截至2020年底，山东省港澳台及外商投资印刷企业总数为26家，资产总计45.27亿元，负债合计22.11亿元，平均用工人数0.50万人。2020年实现营业收入42.08亿元，利润总额2.98亿元。

表 10-5　山东省港澳台及外商投资印刷企业主要经济指标

指标	2018 年	2019 年	2020 年
企业单位数 / 个	—	39	26
平均用工人数 / 万人	1.0	0.74	0.50
资产总计 / 亿元	102.2	70.76	45.27
负债合计 / 亿元	42.0	31.75	22.11
营业收入 / 亿元	96.2	62.09	42.08
营业成本 / 亿元	—	49.78	33.46
利润总额 / 亿元	7.6	4.26	2.98

数据来源：山东省统计年鉴 2019—2021

如表 10-6 所示，2019 年和 2020 年，山东省港澳台及外商投资印刷企业主要经济指标出现大幅下降，形势不容乐观。

表 10-6　山东省港澳台及外商投资印刷企业主要经济指标增长率　　单位：%

指标	2019 年	2020 年
企业单位数增长率	—	-33.3
平均用工人数增长率	-26.0	-32.4
资产总计增长率	-30.8	-36.0
负债合计增长率	-24.4	-30.4
营业收入增长率	-35.5	-32.2
营业成本增长率	—	-32.8
利润总额增长率	-43.9	-30.0

数据来源：根据中国统计年鉴数据计算

10.4　山东省民营印刷企业指标分析

截至 2020 年底，山东省规模以上民营印刷企业总数为 283 家，资产总计

225.10 亿元，负债合计 127.36 亿元，平均用工人数 2.84 万人。2020 年实现营业收入 213.35 亿元，利润总额 9.44 亿元。

表 10-7 山东省规模以上民营印刷企业主要经济指标

指标	2018 年	2019 年	2020 年
企业单位数 / 个	—	328	283
平均用工人数 / 万人	5.3	3.46	2.84
资产总计 / 亿元	345.1	261.59	225.10
负债合计 / 亿元	173.5	148.86	127.36
营业收入 / 亿元	382.4	248.61	213.35
营业成本 / 亿元	—	213.03	182.19
利润总额 / 亿元	18.6	10.17	9.44

数据来源：山东省统计年鉴 2019—2021

如表 10-8 所示，2019 年和 2020 年，山东省规模以上民营印刷企业主要经济指标连续下降，发展受到较大挑战。

表 10-8 山东省规模以上民营印刷企业主要经济指标增长率　　　单位：%

指标	2019 年	2020 年
企业单位数增长率	—	-13.7
平均用工人数增长率	-34.7	-17.9
资产总计增长率	-24.2	-13.9
负债合计增长率	-14.2	-14.4
营业收入增长率	-35.0	-14.2
营业成本增长率	—	-14.5
利润总额增长率	-45.3	-7.2

数据来源：根据中国统计年鉴数据计算

第11章 河南省印刷业发展状况分析

11.1 河南省规模以上印刷企业指标分析

如表 11-1 所示,截至 2020 年底,河南省规模以上印刷企业总数为 244 家,资产总计 213.95 亿元,负债合计 94.76 亿元,平均用工人数 3.29 万人。2020 年实现营业收入 262.29 亿元,利润总额 18.77 亿元。

表 11-1 河南省规模以上印刷企业主要经济指标

指标	2018 年	2019 年	2020 年
企业单位数 / 个	275	240	244
平均用工人数 / 万人	5.16	4.27	3.29
资产总计 / 亿元	245.99	259.87	213.95
负债合计 / 亿元	103.18	99.34	94.76
营业收入 / 亿元	229.18	272.66	262.29
营业成本 / 亿元	188.67	228.37	217.92
利润总额 / 亿元	22.50	23.27	18.77

数据来源:河南省统计年鉴 2019—2021

如表 11-2 所示，2019 年，河南省规模以上印刷企业单位数、用工人数下降，营业收入有较大增长，利润总额增长 3.4%。2020 年，除企业单位数增长外，其他主要经济指标均下降，利润总额下降 19.3%。

表 11-2　河南省规模以上印刷企业主要经济指标增长率　　　单位：%

指标	2019 年	2020 年
企业单位数增长率	-12.7	1.7
平均用工人数增长率	-17.2	-23.0
资产总计增长率	5.6	-17.7
负债合计增长率	-3.7	-4.6
营业收入增长率	19.0	-3.8
营业成本增长率	21.0	-4.6
利润总额增长率	3.4	-19.3

数据来源：根据中国统计年鉴数据计算

11.2　河南省规模以上国有及国有控股印刷企业指标分析

如表 11-3 所示，截至 2020 年底，河南省规模以上国有及国有控股印刷企业总数为 8 家，资产总计 25.80 亿元，负债合计 9.64 亿元，平均用工人数 0.28 万人。2020 年实现营业收入 16.73 亿元，利润总额 1.38 亿元。

表 11-3　河南省规模以上国有及国有控股印刷企业主要经济指标

指标	2018 年	2019 年	2020 年
企业单位数 / 个	8	7	8
平均用工人数 / 万人	0.25	0.27	0.28
资产总计 / 亿元	18.00	21.33	25.80

续表

指标	2018年	2019年	2020年
负债合计/亿元	6.77	7.71	9.64
营业收入/亿元	11.69	13.58	16.73
营业成本/亿元	9.16	10.66	12.90
利润总额/亿元	1.06	1.11	1.38

数据来源：河南省统计年鉴2019—2021

如表11-4所示，2019年和2020年，河南省规模以上国有及国有控股印刷企业主要经济指标保持了较高的增长，2020年在新冠肺炎疫情造成的不利影响下，营业收入增长率23.2%，利润总额增长率24.3%，实现逆势上涨。

表11-4 河南省规模以上国有及国有控股印刷企业主要经济指标增长率　　　单位：%

指标	2019年	2020年
企业单位数增长率	-12.5	14.3
平均用工人数增长率	8.0	3.7
资产总计增长率	18.5	21.0
负债合计增长率	13.9	25.0
营业收入增长率	16.2	23.2
营业成本增长率	16.4	21.0
利润总额增长率	4.7	24.3

数据来源：根据中国统计年鉴数据计算

11.3　河南省规模以上公有制印刷企业指标分析

如表11-5所示，截至2020年底，河南省规模以上公有制印刷企业总数为20家，资产总计40.55亿元，负债合计16.72亿元，平均用工人数0.50万人。2020年实现营业收入33.11亿元，利润总额2.44亿元。

表 11-5　河南省规模以上公有制印刷企业主要经济指标

指标	2018 年	2019 年	2020 年
企业单位数 / 个	22	17	20
平均用工人数 / 万人	0.55	0.48	0.50
资产总计 / 亿元	33.27	34.91	40.55
负债合计 / 亿元	16.23	15.20	16.72
营业收入 / 亿元	26.19	28.78	33.11
营业成本 / 亿元	21.13	23.16	25.74
利润总额 / 亿元	1.78	1.91	2.44

数据来源：河南省统计年鉴 2019—2021

如表 11-6 所示，2019 年，河南省规模以上公有制印刷企业单位数和用工人数下降，营业收入和利润保持增长，2020 年，主要经济指标均保持较快的增长，规模和效益进一步提升。

表 11-6　河南省规模以上公有制印刷企业主要经济指标增长率　　单位：%

指标	2019 年	2020 年
企业单位数增长率	-22.7	17.6
平均用工人数增长率	-12.7	4.2
资产总计增长率	4.9	16.2
负债合计增长率	-6.3	10.0
营业收入增长率	9.9	15.0
营业成本增长率	9.6	11.1
利润总额增长率	7.3	27.7

数据来源：根据中国统计年鉴数据计算

11.4 河南省规模以上民营印刷企业指标分析

如表11-7所示，截至2020年底，河南省规模以上民营印刷企业总数为189家，资产总计107.96亿元，负债合计42.27亿元，平均用工人数2.08万人。2020年实现营业收入175.60亿元，利润总额10.53亿元。

表11-7 河南省规模以上民营印刷企业主要经济指标

指标	2018年	2019年	2020年
企业单位数/个	162	144	189
平均用工人数/万人	2.47	2.28	2.08
资产总计/亿元	118.26	118.64	107.96
负债合计/亿元	47.55	45.84	42.27
营业收入/亿元	113.80	135.40	175.60
营业成本/亿元	92.11	114.29	149.59
利润总额/亿元	13.23	10.81	10.53

数据来源：河南省统计年鉴2019—2021

如表11-8所示，2019年，河南省规模以上民营印刷企业营业收入增长19.0%，利润总额下降18.3%，2020年，企业单位数和营业收入均有较大增长，但利润总额下降2.6%。

表11-8 河南省规模以上民营印刷企业主要经济指标增长率　　　单位：%

指标	2019年	2020年
企业单位数增长率	-11.1	31.3
平均用工人数增长率	-7.7	-8.8
资产总计增长率	0.3	-9.0
负债合计增长率	-3.6	-7.8
营业收入增长率	19.0	29.7
营业成本增长率	24.1	30.9
利润总额增长率	-18.3	-2.6

数据来源：根据中国统计年鉴数据计算

第12章 广东省印刷业发展状况分析

12.1 广东省规模以上印刷企业指标分析

如表 12-1 所示,截至 2020 年底,广东省规模以上印刷企业总数为 1099 家,资产总计 1369.84 亿元,平均用工人数 20.44 万人。2020 年实现营业收入 1296.52 亿元,利润总额 77.06 亿元,工业总产值 1319.52 亿元,工业增加值 336.47 亿元。

表 12-1 广东省规模以上印刷企业主要经济指标

指标	2018 年	2019 年	2020 年
企业单位数 / 个	945	1069	1099
工业总产值 / 亿元	1230.32	1366.79	1319.52
工业增加值 / 亿元	322.64	356.87	336.47
平均用工人数 / 万人	21.19	21.57	20.44
资产总计 / 亿元	1077.89	1238.31	1369.84
营业收入 / 亿元	1183.29	1342.79	1296.52
营业成本 / 亿元	996.85	1113.20	1082.27
利润总额 / 亿元	72.85	80.57	77.06

数据来源:广东省统计年鉴 2019—2021

如表 12-2 所示，2019 年，广东省规模以上印刷企业主要经济指标保持较快增长，2020 年，除企业单位数和总资产增长外，其他指标均下降。

表 12-2　广东省规模以上印刷企业主要经济指标增长率　　　单位：%

指标	2019 年	2020 年
企业单位数增长率	13.1	2.8
工业总产值增长率	11.1	-3.5
工业增加值增长率	10.6	-5.7
平均用工人数增长率	1.8	-5.2
资产总计增长率	14.9	10.6
营业收入增长率	13.5	-3.4
营业成本增长率	11.7	-2.8
利润总额增长率	10.6	-4.4

数据来源：根据中国统计年鉴数据计算

12.2　广东省规模以上国有控股印刷企业指标分析

如表 12-3 所示，截至 2020 年底，广东省规模以上国有控股印刷企业总数为 21 家，资产总计 114.99 亿元，平均用工人数 0.49 万人。2020 年实现营业收入 34.55 亿元，利润总额 3.40 亿元，工业总产值 28.63 亿元，工业增加值 9.26 亿元。

表 12-3　广东省规模以上国有控股印刷企业主要经济指标

指标	2018 年	2019 年	2020 年
企业单位数 / 个	22	20	21
工业总产值 / 亿元	29.06	20.35	28.63
工业增加值 / 亿元	7.21	7.90	9.26
平均用工人数 / 万人	0.50	0.40	0.49

续表

指标	2018年	2019年	2020年
资产总计/亿元	39.83	31.40	114.99
营业收入/亿元	31.89	24.59	34.55
营业成本/亿元	26.67	19.43	28.45
利润总额/亿元	1.51	2.39	3.40

数据来源：广东省统计年鉴2019—2021

如表12-4所示，2019年，广东省规模以上国有控股印刷企业工业总产值下降而增加值上升，营业收入下降而利润总额大幅增长。2020年，各项主要经济指标均大幅增长。

表12-4 广东省规模以上国有控股印刷企业主要经济指标增长率　单位：%

指标	2019年	2020年
企业单位数增长率	-9.1	5.0
工业总产值增长率	-30.0	40.7
工业增加值增长率	9.6	17.2
平均用工人数增长率	-20.0	22.5
资产总计增长率	-21.2	266.2
营业收入增长率	-22.9	40.5
营业成本增长率	-27.1	46.4
利润总额增长率	58.3	42.3

数据来源：根据中国统计年鉴数据计算

12.3　广东省规模以上股份制印刷企业指标分析

如表12-5所示，截至2020年底，广东省规模以上股份制印刷企业总数为820家，资产总计801.75亿元，平均用工人数10.75万人。2020年实现营业收入826.59亿元，利润总额53.50亿元，工业总产值832.78亿元，工业增加值195.31亿元。

表 12-5　广东省规模以上股份制印刷企业主要经济指标

指标	2018 年	2019 年	2020 年
企业单位数 / 个	651	797	820
工业总产值 / 亿元	719.73	816.60	832.78
工业增加值 / 亿元	181.72	197.05	195.31
平均用工人数 / 万人	9.75	10.74	10.75
资产总计 / 亿元	574.67	679.17	801.75
营业收入 / 亿元	689.34	800.98	826.59
营业成本 / 亿元	586.39	669.54	697.47
利润总额 / 亿元	41.76	46.19	53.50

数据来源：广东省统计年鉴 2019—2021

如表 12-6 所示，2019 年，广东省规模以上股份制印刷企业主要经济指标增长率均为正数，2020 年，除工业增加值略有下降外，其余指标均增长，利润总额增长了 15.8%。

表 12-6　广东省规模以上股份制印刷企业主要经济指标增长率　　单位：%

指标	2019 年	2020 年
企业单位数增长率	22.4	2.9
工业总产值增长率	13.5	2.0
工业增加值增长率	8.4	-0.9
平均用工人数增长率	10.2	0.1
资产总计增长率	18.2	18.0
营业收入增长率	16.2	3.2
营业成本增长率	14.2	4.2
利润总额增长率	10.6	15.8

数据来源：根据中国统计年鉴数据计算

12.4 广东省规模以上"三资"印刷企业指标分析

如表12-7所示,截至2020年底,广东省规模以上"三资"印刷企业总数为211家,资产总计524.67亿元,平均用工人数9.23万人。2020年实现营业收入419.81亿元,利润总额21.02亿元,工业总产值434.77亿元,工业增加值131.18亿元。

表12-7 广东省规模以上"三资"印刷企业主要经济指标

指标	2018年	2019年	2020年
企业单位数/个	217	210	211
工业总产值/亿元	449.31	494.23	434.77
工业增加值/亿元	124.95	149.78	131.18
平均用工人数/万人	10.80	10.36	9.23
资产总计/亿元	476.56	540.34	524.67
营业收入/亿元	433.20	487.03	419.81
营业成本/亿元	358.68	396.14	341.23
利润总额/亿元	27.08	31.22	21.02

数据来源:广东省统计年鉴2019—2021

如表12-8所示,2019年,广东省规模以上"三资"印刷企业单位数和平均用工人数下降,其他主要经济指标保持增长,2020年,企业单位数略有增长外,其余指标均下降,利润总额下降了32.7%。

表12-8 广东省规模以上"三资"印刷企业主要经济指标增长率　　单位:%

指标	2019年	2020年
企业单位数增长率	-3.2	0.5
工业总产值增长率	10.0	-12.0
工业增加值增长率	19.9	-12.4
平均用工人数增长率	-4.1	-10.9
资产总计增长率	13.4	-2.9

续表

指标	2019年	2020年
营业收入增长率	12.4	-13.8
营业成本增长率	10.4	-13.9
利润总额增长率	15.3	-32.7

数据来源：根据中国统计年鉴数据计算

12.5 广东省规模以上民营印刷企业指标分析

如表12-9所示，截至2020年底，广东省规模以上民营印刷企业总数为746家，资产总计414.35亿元，平均用工人数8.32万人。2020年实现营业收入659.45亿元，利润总额30.75亿元，工业总产值672.60亿元，工业增加值149.03亿元。

表12-9 广东省规模以上民营印刷企业主要经济指标

指标	2018年	2019年	2020年
企业单位数/个	428	632	746
工业总产值/亿元	387.03	555.82	672.60
工业增加值/亿元	99.16	125.12	149.03
平均用工人数/万人	5.29	7.43	8.32
资产总计/亿元	224.92	332.44	414.35
营业收入/亿元	376.15	545.09	659.45
营业成本/亿元	325.82	465.68	567.39
利润总额/亿元	17.40	25.87	30.75

数据来源：广东省统计年鉴2019—2021

如表12-10所示，2019年和2020年，广东省规模以上民营印刷企业主要经济指标增长率均为正数，且增长率较高。

表 12-10　广东省规模以上民营印刷企业主要经济指标增长率　　单位：%

指标	2019 年	2020 年
企业单位数增长率	47.7	18.0
工业总产值增长率	43.6	21.0
工业增加值增长率	26.2	19.1
平均用工人数增长率	40.5	12.0
资产总计增长率	47.8	24.6
营业收入增长率	44.9	21.0
营业成本增长率	42.9	21.8
利润总额增长率	48.7	18.9

数据来源：根据中国统计年鉴数据计算

12.6　广东省规模以上大中型印刷企业指标分析

如表 12-11 所示，截至 2020 年底，广东省规模以上大中型印刷企业总数为 146 家，资产总计 863.29 亿元，平均用工人数 12.05 万人。2020 年实现营业收入 719.23 亿元，利润总额 57.46 亿元，工业总产值 738.53 亿元，工业增加值 200.98 亿元。

表 12-11　广东省规模以上大中型印刷企业主要经济指标

指标	2018 年	2019 年	2020 年
企业单位数 / 个	179	145	146
工业总产值 / 亿元	656.16	727.23	738.53
工业增加值 / 亿元	168.51	207.05	200.98
平均用工人数 / 万人	13.73	12.81	12.05
资产总计 / 亿元	679.24	771.86	863.29

续表

指标	2018年	2019年	2020年
营业收入/亿元	622.27	705.47	719.23
营业成本/亿元	510.74	567.29	584.16
利润总额/亿元	46.24	52.53	57.46

数据来源：广东省统计年鉴2019—2021

如表12-12所示，2019年，广东省规模以上大中型印刷企业单位数和平均用工人数下降，其他主要经济指标增长率均为正数。2020年，工业增加值、平均用工人数下降，其余指标均增长。

表12-12　广东省规模以上大中型印刷企业主要经济指标增长率　　单位：%

指标	2019年	2020年
企业单位数增长率	-19.0	0.7
工业总产值增长率	10.8	1.6
工业增加值增长率	22.9	-2.9
平均用工人数增长率	-6.7	-5.9
资产总计增长率	13.6	11.8
营业收入增长率	13.4	2.0
营业成本增长率	11.1	3.0
利润总额增长率	13.6	9.4

数据来源：根据中国统计年鉴数据计算

第13章 浙江省印刷业发展状况分析

13.1 浙江省规模以上印刷企业指标分析

如表 13-1 所示,截至 2020 年底,浙江省规模以上印刷企业总数为 747 家,资产总计 653.50 亿元,平均用工人数 7.57 万人。2020 年实现营业收入 523.03 亿元,利润总额 28.27 亿元,工业总产值 515.14 亿元。

表 13-1 浙江省规模以上印刷企业主要经济指标

指标	2018 年	2019 年	2020 年
企业单位数 / 个	603	723	747
工业总产值 / 亿元	447.94	500.49	515.14
平均用工人数 / 万人	6.89	7.51	7.57
资产总计 / 亿元	505.81	561.60	653.50
负债合计 / 亿元	281.63	314.42	354.29
营业收入 / 亿元	450.21	500.57	523.03
营业成本 / 亿元	378.45	415.54	433.98
利润总额 / 亿元	24.94	30.19	28.27

数据来源:浙江省统计年鉴 2019—2021

如表 13-2 所示，2019 年，浙江省规模以上印刷企业主要经济指标保持较快增长，2020 年，总资产、总负债指标增长较快，营业收入增长率降低，利润总额出现下滑。

表 13-2　浙江省规模以上印刷企业主要经济指标增长率　　　　单位：%

指标	2019 年	2020 年
企业单位数增长率	19.9	3.3
工业总产值增长率	11.7	2.9
平均用工人数增长率	9.0	0.8
资产总计增长率	11.0	16.4
负债合计增长率	11.6	12.7
营业收入增长率	11.2	4.5
营业成本增长率	9.8	4.4
利润总额增长率	21.1	-6.4

数据来源：根据中国统计年鉴数据计算

13.2　浙江省规模以上国有控股印刷企业指标分析

如表 13-3 所示，截至 2020 年底，浙江省规模以上国有控股印刷企业总数为 14 家，资产总计 21.20 亿元，平均用工人数 0.20 万人。2020 年实现营业收入 13.12 亿元，利润总额 0.43 亿元，工业总产值 11.97 亿元。

表 13-3　浙江省规模以上国有控股印刷企业主要经济指标

指标	2018 年	2019 年	2020 年
企业单位数 / 个	14	14	14
工业总产值 / 亿元	14.05	14.00	11.97
平均用工人数 / 万人	0.24	0.22	0.20

续表

指标	2018年	2019年	2020年
资产总计/亿元	20.79	19.66	21.20
负债合计/亿元	8.44	7.37	9.53
营业收入/亿元	17.23	15.64	13.12
营业成本/亿元	15.55	13.69	11.51
利润总额/亿元	-0.14	0.14	0.43

数据来源：浙江省统计年鉴2019—2021

如表13-4所示，2019年，浙江省规模以上国有控股印刷企业大部分指标出现下滑，但本年实现扭亏为盈，利润总额增长率达到200%，2020年营业收入和工业总产值下降，利润总额有所增长。

表13-4 浙江省规模以上国有控股印刷企业主要经济指标增长率　　单位：%

指标	2019年	2020年
企业单位数增长率	0.0	0.0
工业总产值增长率	-0.4	-14.5
平均用工人数增长率	-8.3	-9.1
资产总计增长率	-5.4	7.8
负债合计增长率	-12.7	29.3
营业收入增长率	-9.2	-16.1
营业成本增长率	-12.0	-15.9
利润总额增长率	200.0	207.1

数据来源：根据中国统计年鉴数据计算

13.3　浙江省规模以上"三资"印刷企业指标分析

如表13-5所示，截至2020年底，浙江省规模以上"三资"印刷企业总数为31家，资产总计129.96亿元，平均用工人数0.67万人。2020年实现营业收入 62.16 亿元，利润总额 6.20 亿元，工业总产值 59.69 亿元。

表 13-5 浙江省规模以上"三资"印刷企业主要经济指标

指标	2018 年	2019 年	2020 年
企业单位数 / 个	34	28	31
工业总产值 / 亿元	67.93	60.18	59.69
平均用工人数 / 万人	0.72	0.61	0.67
资产总计 / 亿元	100.32	95.06	129.96
负债合计 / 亿元	34.21	35.89	42.58
营业收入 / 亿元	69.41	60.63	62.16
营业成本 / 亿元	53.52	45.96	48.80
利润总额 / 亿元	8.65	8.02	6.20

数据来源：浙江省统计年鉴 2019—2021

如表 13-6 所示，2019 年，浙江省规模以上"三资"印刷企业营业收入、总产值等指标下降，利润总额有所增长。2020 年总资产、总负债有较大增长，营业收入略有增长，利润总额有较大下降。

表 13-6 浙江省规模以上"三资"印刷企业主要经济指标增长率　　单位：%

指标	2019 年	2020 年
企业单位数增长率	-17.6	10.7
工业总产值增长率	-11.4	-0.8
平均用工人数增长率	-15.3	9.8
资产总计增长率	-5.2	36.7
负债合计增长率	4.9	18.6
营业收入增长率	-12.6	2.5
营业成本增长率	-14.1	6.2
利润总额增长率	7.3	-22.7

数据来源：根据中国统计年鉴数据计算

13.4 浙江省规模以上民营印刷企业指标分析

如表13-7所示,截至2020年底,浙江省规模以上民营印刷企业总数为671家,资产总计439.45亿元,平均用工人数6.23万人。2020年实现营业收入418.53亿元,利润总额19.51亿元,工业总产值417.38亿元。

表13-7 浙江省规模以上民营印刷企业主要经济指标

指标	2018年	2019年	2020年
企业单位数/个	436	636	671
工业总产值/亿元	259.07	383.69	417.38
平均用工人数/万人	4.30	6.02	6.23
资产总计/亿元	259.44	380.37	439.45
负债合计/亿元	178.35	237.94	274.92
营业收入/亿元	256.07	376.97	418.53
营业成本/亿元	218.34	316.93	349.79
利润总额/亿元	9.33	17.61	19.51

数据来源:浙江省统计年鉴2019—2021

如表13-8所示,2019年,浙江省规模以上民营印刷企业主要经济指标除利润总额外均保持快速增长,利润总额下降88.7%。2020年,主要经济指标增长率为正数,且增长率较高。

表13-8 浙江省规模以上民营印刷企业主要经济指标增长率 单位:%

指标	2019年	2020年
企业单位数增长率	45.9	5.5
工业总产值增长率	48.1	8.8
平均用工人数增长率	40.0	3.5
资产总计增长率	46.6	15.5
负债合计增长率	33.4	15.5

续表

指标	2019年	2020年
营业收入增长率	47.2	11.0
营业成本增长率	45.2	10.4
利润总额增长率	-88.7	10.8

数据来源：根据中国统计年鉴数据计算

13.5　浙江省规模以上大中型印刷企业指标分析

如表13-9所示，截至2020年底，浙江省规模以上大中型印刷企业总数为43家，资产总计258.29亿元，平均用工人数1.90万人。2020年实现营业收入154.96亿元，利润总额16.61亿元，工业总产值147.57亿元。

表13-9　浙江省规模以上大中型印刷企业主要经济指标

指标	2018年	2019年	2020年
企业单位数/个	44	43	43
工业总产值/亿元	134.53	151.59	147.57
平均用工人数/万人	1.87	1.88	1.90
资产总计/亿元	183.40	199.93	258.29
负债合计/亿元	78.12	84.93	98.97
营业收入/亿元	137.80	153.56	154.96
营业成本/亿元	109.59	119.31	119.14
利润总额/亿元	13.81	17.54	16.61

数据来源：浙江省统计年鉴2019—2021

如表13-10所示，2019年，浙江省规模以上大中型印刷企业单位数和利润总额下降，其他主要经济指标增长率均为正数。2020年，工业总产值、营业成本、利润总额下降，营业收入略有增长，总资产、总负债增长较快。

表 13-10　浙江省规模以上大中型印刷企业主要经济指标增长率　　单位：%

指标	2019 年	2020 年
企业单位数增长率	-2.3	0.0
工业总产值增长率	12.7	-2.7
平均用工人数增长率	0.5	1.1
资产总计增长率	9.0	29.2
负债合计增长率	8.7	16.5
营业收入增长率	11.4	0.9
营业成本增长率	8.9	-0.1
利润总额增长率	-27.0	-5.3

数据来源：根据中国统计年鉴数据计算

第14章 江苏省印刷业发展状况分析

14.1 江苏省规模以上印刷企业指标分析

如表14-1所示，截至2020年底，江苏省规模以上印刷企业总数为726家，资产总计760.17亿元，平均用工人数9.33万人。2020年实现营业收入703.26亿元，利润总额50.44亿元。

表14-1 江苏省规模以上印刷企业主要经济指标

指标	2018年	2019年	2020年
企业单位数/个	633	629	726
平均用工人数/万人	9.41	8.98	9.33
资产总计/亿元	665.78	674.39	760.17
负债合计/亿元	342.47	339.31	404.49
营业收入/亿元	755.35	660.05	703.26
营业成本/亿元	622.63	536.32	569.60
利润总额/亿元	56.37	47.09	50.44

数据来源：江苏省统计年鉴2019—2021

如表 14-2 所示，2019 年，江苏省规模以上印刷企业除资产总计外主要经济指标增长率均为负数。2020 年，主要经济指标实现增长。

表 14-2　江苏省规模以上印刷企业主要经济指标增长率　　单位：%

指标	2019 年	2020 年
企业单位数增长率	-0.6	15.4
平均用工人数增长率	-4.6	3.9
资产总计增长率	1.3	12.7
负债合计增长率	-0.9	19.2
营业收入增长率	-12.6	6.5
营业成本增长率	-13.9	6.2
利润总额增长率	-16.5	7.1

数据来源：根据中国统计年鉴数据计算

14.2　江苏省规模以上国有控股印刷企业指标分析

如表 14-3 所示，截至 2020 年底，江苏省规模以上国有控股印刷企业总数为 19 家，资产总计 31.13 亿元，平均用工人数 0.31 万人。2020 年实现营业收入 13.31 亿元，利润总额 0.17 亿元。

表 14-3　江苏省规模以上国有控股印刷企业主要经济指标

指标	2018 年	2019 年	2020 年
企业单位数 / 个	20	20	19
平均用工人数 / 万人	0.30	0.29	0.31
资产总计 / 亿元	29.36	29.65	31.13
负债合计 / 亿元	8.32	8.11	10.22
营业收入 / 亿元	18.16	14.09	13.31

续表

指标	2018年	2019年	2020年
营业成本/亿元	15.12	11.70	10.80
利润总额/亿元	0.70	0.38	0.17

数据来源：江苏省统计年鉴2019—2021

如表14-4所示，2019年和2020年，江苏省规模以上国有控股印刷企业营业收入和利润总额均下降，其中利润总额下降幅度较大。

表14-4　江苏省规模以上国有控股印刷企业主要经济指标增长率　　单位：%

指标	2019年	2020年
企业单位数增长率	0.0	-5.0
平均用工人数增长率	-3.3	6.9
资产总计增长率	1.0	5.0
负债合计增长率	-2.5	26.0
营业收入增长率	-22.4	-5.5
营业成本增长率	-22.6	-7.7
利润总额增长率	-45.7	-55.3

数据来源：根据中国统计年鉴数据计算

14.3　江苏省规模以上"三资"印刷企业指标分析

如表14-5所示，截至2020年底，江苏省规模以上"三资"印刷企业总数为80家，资产总计183.28亿元，平均用工人数1.86万人。2020年实现营业收入146.68亿元，利润总额13.62亿元。

表14-5　江苏省规模以上"三资"印刷企业主要经济指标

指标	2018年	2019年	2020年
企业单位数/个	85	77	80
平均用工人数/万人	2.30	2.05	1.86

续表

指标	2018年	2019年	2020年
资产总计/亿元	176.36	170.98	183.28
负债合计/亿元	79.00	69.74	86.32
营业收入/亿元	161.02	149.63	146.68
营业成本/亿元	121.70	111.12	110.18
利润总额/亿元	15.36	15.26	13.62

数据来源：江苏省统计年鉴2019—2021

如表14-6所示，2019年，江苏省规模以上"三资"印刷企业主要经济指标增长率均为负数，利润总额略有下降。2020年企业单位数、总资产、总负债有所增长，营业收入、利润总额等指标下降。

表14-6 江苏省规模以上"三资"印刷企业主要经济指标增长率　　单位：%

指标	2019年	2020年
企业单位数增长率	-9.4	3.9
平均用工人数增长率	-10.9	-9.3
资产总计增长率	-3.1	7.2
负债合计增长率	-11.7	23.8
营业收入增长率	-7.1	-2.0
营业成本增长率	-8.7	-0.8
利润总额增长率	-0.7	-10.7

数据来源：根据中国统计年鉴数据计算

14.4　江苏省规模以上民营印刷企业指标分析

如表14-7所示，截至2020年底，江苏省规模以上民营印刷企业总数为

587家，资产总计460.42亿元，平均用工人数5.99万人。2020年实现营业收入468.19亿元，利润总额30.19亿元。

表14-7 江苏省规模以上民营印刷企业主要经济指标

指标	2018年	2019年	2020年
企业单位数/个	461	467	587
平均用工人数/万人	5.38	5.27	5.99
资产总计/亿元	344.97	355.22	460.42
负债合计/亿元	202.93	208.24	264.50
营业收入/亿元	449.47	384.62	468.19
营业成本/亿元	381.48	322.85	387.34
利润总额/亿元	27.22	20.08	30.19

数据来源：江苏省统计年鉴2019—2021

如表14-8所示，2019年，江苏省规模以上民营印刷企业营业收入、利润总额等下降。2020年，主要经济指标增长率为正数，且增长率较高。

表14-8 江苏省规模以上民营印刷企业主要经济指标增长率　　单位：%

指标	2019年	2020年
企业单位数增长率	1.3	25.7
平均用工人数增长率	-2.0	13.7
资产总计增长率	3.0	29.6
负债合计增长率	2.6	27.0
营业收入增长率	-14.4	21.7
营业成本增长率	-15.4	20.0
利润总额增长率	-26.2	50.3

数据来源：根据中国统计年鉴数据计算

14.5　江苏省规模以上大中型印刷企业指标分析

如表 14-9 所示，截至 2020 年底，江苏省规模以上大中型印刷企业总数为 51 家，资产总计 252.98 亿元，平均用工人数 3.09 万人。2020 年实现营业收入 212.57 亿元，利润总额 21.63 亿元。

表 14-9　江苏省规模以上大中型印刷企业主要经济指标

指标	2018 年	2019 年	2020 年
企业单位数 / 个	55	49	51
平均用工人数 / 万人	3.47	3.17	3.09
资产总计 / 亿元	229.23	234.47	252.98
负债合计 / 亿元	108.52	105.92	131.21
营业收入 / 亿元	232.16	217.46	212.57
营业成本 / 亿元	180.91	167.86	162.85
利润总额 / 亿元	23.03	21.01	21.63

数据来源：江苏省统计年鉴 2019—2021

如表 14-10 所示，2019 年，江苏省规模以上大中型印刷企业除总资产增长外，其他指标均下降。2020 年，资产、负债、利润总额等指标增长，营业收入、平均用工人数等下降。

表 14-10　江苏省规模以上大中型印刷企业主要经济指标增长率　　单位：%

指标	2019 年	2020 年
企业单位数增长率	-10.9	4.1
平均用工人数增长率	-8.6	-2.5
资产总计增长率	2.3	7.9
负债合计增长率	-2.4	23.9
营业收入增长率	-6.3	-2.2
营业成本增长率	-7.2	-3.0
利润总额增长率	-8.8	3.0

第四部分
专题报告 3——
印刷业产业关联
　　和结构分析

第15章 印刷应用市场需求产业关联分析

15.1 投入产出法概述

1. 投入产出分析法

投入产出分析法是产业关联分析的基本方法,它通过对投入产出表所代表的线性代数方程体系的分析,构建起经济模型来模拟各个产业部门增加投入、生产产品、分配产品和进行再生产的过程,进而分析某一产业和其他产业之间的经济关系,最后得出产业之间数量上的规律性。简言之,投入产出法就是运用投入产出模型,得出产业间"投入"与"产出"的数量比例关系的方法。所谓投入是指产品生产所需要的原材料、燃料、动力、固定资产和劳动力等,也是任何产业从事经济活动所必需的物质资料和劳动力消耗。所谓产出是指生产出的产品总量,包括中间产品和最终产品,而最终产品的分配方向主要指生活消费、积累和净出口。投入产出分析法应用广泛,许多理论问题和实际问题均可使用该方法进行实证性研究。

2. 投入产出表

投入产出表又被称为部门联系平衡表或产业关联表,是一个纵横交叉的矩阵平衡表格。

投入产出表由三大象限组成。第一象限旨在反映各部门互相分配、互相消耗中间产品的情况，故又称为中间产品象限，它是投入产出表的基本部分或核心部分。从水平方向看，表明各个部门的产品除了自用之外，分配给其他部门作为中间产品的情况；从垂直方向看，表明各个部门为了生产一定的产品而消耗其他部门（包括本部门）产品的情况。第一象限除了能反映中间产品的分配和消耗情况外，更重要的是能够反映国民经济各部门间的生产技术联系。第二象限和第三象限分别被称为最终使用象限和增加值象限。表15-1是简化的投入产出比表。

表15-1 简化的投入产出比表

分配去向 投入来源		中间使用				最终使用	总产出
		部门1	部门2	…	部门n		
中间投入	部门1	x_{11}	x_{12}	…	x_{1n}	Y_1	X_1
	部门2	x_{21}	x_{22}	…	x_{2n}	Y_2	X_2
	⋮	⋮	⋮	⋮	⋮	⋮	⋮
	部门n	x_{n1}	x_{n2}	…	x_{nn}	Y_n	X_n
初始投入		N_1	N_2	…	N_n		
总投入		X_1	X_2	…	X_n		

3. 产业关联效应的衡量指标

产业关联是指国民经济各部门在社会再生产过程中所形成的直接和间接的相互依存、相互制约的经济联系，是国民经济中一个产业与其他产业之间的技术经济联系，即产业部门之间客观上存在的相互消耗和提供产品的关系，或产业部门之间的投入产出关系。

产业关联反映了社会资源通过不同产业的分工协作，不断延伸最终增加产品附加值、形成社会总产品的过程。产业关联效应是衡量某一产业的投入产出变动对相关产业投入产出水平的影响程度，主要包括前向关联和后向关联，前向关联常用直接分配系数、完全分配系数来测度，而后向关联常用直接消耗系数、完全消耗系数来测度，产业波及效应用影响力系数、感应度系数等来衡量。

15.2 印刷业与其他产业的后向关联效应

印刷业与其他产业的后向关联效应,主要指印刷业为了进行生产,须从其他产业部门购进生产要素,作为印刷业的投入。后向关联效应主要用直接消耗系数和完全消耗系数来表现,消耗系数越大,表明印刷业与其他产业的后向关联效应越强,发展印刷业越能够拉动其他产业的发展。

1. 印刷业与其他产业的直接消耗系数

通过对我国2007年的39个部门、2012年和2017年的38个部门的投入产出表的整理和计算,可以得到与印刷业相关行业的直接消耗系数。具体情况见表15-2。

表15-2 印刷业相关行业的直接消耗系数

分类	行业	2007年	2012年	2017年
后向关联效应显著	造纸和纸制品	0.3777	0.3588	0.3531
	化学工业	0.1156	0.1248	0.1209
后向关联效应较大	批发和零售贸易业	0.0215	0.0334	0.0704
	印刷和记录媒介复制品	0.0408	0.0283	0.0283
	交通运输及仓储业	0.0189	0.0270	0.0259
	通用、专用设备制造业	0.0138	0.0153	0.0171
	金融业	0.0104	0.0198	0.0136
后向关联效应波动较大	租赁和商务服务业	0.0030	0.0104	0.0117
	金属冶炼及压延加工业	0.0050	0.0127	0.0106
后向关联效应微弱	食品制造及烟草加工业	0.0035	0.0071	0.0088
	住宿和餐饮业	0.0063	0.0070	0.0082
	电力、热力、燃气、水的生产和供应	0.0128	0.0083	0.0081
	木材加工及家具制造业	0.0059	0.0054	0.0051
	金属制品	0.0093	0.0055	0.0045
	信息传输、计算机服务和软件业	0.0022	0.0030	0.0036
	居民服务和其他服务业	0.0022	0.0037	0.0034

续表

分类	行业	2007年	2012年	2017年
后向关联效应微弱	文教、体育和娱乐用品、工艺美术品	0.0067	0.0030	0.0029
	服装鞋皮革羽绒及其制品业	0.0020	0.0016	0.0028
	通信设备、计算机及其他电子设备制造业	0.0030	0.0011	0.0018
	文化、体育和娱乐业	0.0017	0.0023	0.0017
	石油加工、煤炭及核燃料加工业	0.0049	0.0027	0.0017
	纺织业	0.0007	0.0025	0.0015
	科学研究事业	0.0023	0.0034	0.0011
	邮政	0.0002	0.0004	0.0010
	房地产	0.0086	0.0013	0.0008
	非金属矿物制品业	0.0009	0.0004	0.0006
	水利、环境和公共设施管理业	0.0002	0.0005	0.0006
	社会保障、公共管理和社会组织	0.0002	0.0005	0.0004
	金属制品、机械和设备修理服务	—	0.0004	0.0004
	采选业	0.0017	0.0015	0.0004
	建筑业	0.0003	0.0019	0.0004
	电气、机械及器材制造业	0.0053	0.0011	0.0002
	教育	0.0005	0.0004	0.0002
	其他制造业（废品废料）	0.0000	0.0013	0.0001
	交通运输设备制造业	0.0043	0.0002	0.0001
	卫生和社会工作	0.0002	0.0000	0.0000
	仪器仪表	0.0020	0.0000	0.0000
	农业	0.0000	0.0000	0.0000

数据来源：根据2007年、2012年和2017年我国投入产出表整理计算得到

根据上表的直接消耗系数，可以将各产业分为4类：

（1）与印刷业后向关联效应显著的产业，即直接消耗系数超过0.09的

产业。根据表15-2，与印刷业后向关联效应显著的产业，从投入的角度上看基本上处于印刷业上游，比如造纸和纸制品制造业、化学工业（包括基础化学原料制造业、涂料、颜料、油墨及类似产品制造业、合成材料制造业、塑料制品业、橡胶制品业、专用化学产品制造业）。具体来看，2007年造纸和纸制品制造业对印刷业的直接消耗系数最大，为0.3777，占了供给印刷业资源的超过三分之一；2012年和2017年的系数分别为0.3588和0.3531，呈现小幅下降的趋势。化学工业的2007年的直接消耗系数为0.1156，2012年和2017年的系数分别为0.1248和0.1209，印刷行业消耗了大量的化工产品，对原料、油墨等化工产品的直接消耗决定了其对整个化工行业产品的旺盛需求。

（2）与印刷业后向关联效应较大的产业，数值区间处于0.01~0.09。这些产业一般为印刷行业服务或者为印刷行业持续经营所必需的社会资源类行业，比如批发和零售贸易业，通用、专用设备制造业，金融业，交通运输及仓储业等。其中，系数均保持在这一范围内的有4个部门：由于印刷业多数产品直接进入最终消费领域，所以批发和零售贸易业与其关联很大，系数分别为0.0215、0.0334和0.0704，趋势有所上升；印刷业需要交通运输及仓储业的介入进入最终消费领域，因此该行业与印刷业的直接消耗系数分别为0.0189、0.0270和0.0259；金融业与印刷业的直接消耗系数分别为0.0104、0.0198和0.0136，2012年、2017年比2007年有所上升，说明金融对印刷业的支持力度在加大。此外，通用、专用设备制造业的直接消耗系数从2007年的0.0138上升到2017年的0.0171，说明10年间印刷业的设备投入和资本密集程度有所提高。

（3）与印刷业后向关联效应波动较大的产业。金属冶炼及压延加工业、租赁和商务服务业的直接消耗系数波动较大，分别从2007年的0.0050和0.0030提高到2017年的0.0106和0.0117。

（4）与印刷业直接的后向关联效应微弱的产业，在数据上表现为直接消耗小于0.01。这些产业是通信设备、计算机及其他电子设备制造业，石油加工、煤炭及核燃料加工业等29个行业。

造纸和纸制品、化学工业作为上游产业仍然是印刷业的重要原料来源。同时，其消耗系数有下降的趋势，这说明印刷业的技术有了改进，质量和效益有了提高。

2. 印刷业与其他产业的完全消耗系数

从表 15-3 来看，与印刷业完全的后向关联效应最大的几个行业分别为造纸和纸制品、化学工业、批发和零售贸易业、农业、交通运输及仓储业。其中，印刷业对造纸和纸制品消耗依然是最主要的，完全消耗系数处于各行业首位，系数从 2007 年的 0.5706 下降到 2017 年的 0.5261；而化学工业的完全消耗系数从 2007 年的 0.4017 上升到 2012 年的 0.4295，然后又下降到 2017 年的 0.3715；批发和零售贸易业的完全消耗系数从 2007 年的 0.0592 上升到 2017 年的 0.1487；农业的完全消耗系数从 2007 年的 0.0887 上升到 2012 年的 0.1093，然后小幅下降到 2017 年的 0.0974；交通运输及仓储业的完全消耗系数从 2007 年的 0.0777 上升到 2012 年的 0.0995，然后小幅下降到 2017 年的 0.0940。

表 15-3 印刷业相关行业的完全消耗系数

行业	2017 年	2012 年	2007 年
造纸和纸制品	0.5261	0.5414	0.5706
化学工业	0.3715	0.4295	0.4017
批发和零售贸易业	0.1487	0.0877	0.0592
农业	0.0974	0.1093	0.0887
交通运输及仓储业	0.0940	0.0995	0.0777
采选业	0.0841	0.1324	0.1192
电力、热力、燃气、水的生产和供应	0.0804	0.1025	0.1295
金融业	0.0764	0.0880	0.0495
租赁和商务服务业	0.0688	0.0530	0.0230
金属冶炼及压延加工业	0.0549	0.0863	0.0924
食品制造及烟草加工业	0.0520	0.0583	0.0400
通用、专用设备制造业	0.0486	0.0536	0.0690
其他制造业（废品废料）	0.0425	0.0393	0.0693
石油加工、炼焦及核燃料加工业	0.0407	0.0706	0.0716
印刷和记录媒介复制品业	0.0355	0.0366	0.0538
通信设备、计算机及其他电子设备制造业	0.0299	0.0284	0.0353
住宿和餐饮业	0.0257	0.0216	0.0224
房地产	0.0249	0.0142	0.0170

续表

行业	2017年	2012年	2007年
木材加工及家具制造业	0.0214	0.0247	0.0291
金属制品	0.0210	0.0270	0.0354
交通运输设备制造业	0.0205	0.0189	0.0384
电气、机械及器材制造业	0.0182	0.0230	0.0346
纺织业	0.0182	0.0289	0.0298
信息传输、计算机服务和软件业	0.0167	0.0115	0.0117
居民服务和其他服务业	0.0138	0.0136	0.0119
科学研究事业	0.0127	0.0200	0.0137
服装鞋皮革羽绒及其制品业	0.0115	0.0085	0.0115
非金属矿物制品业	0.0095	0.0140	0.0148
邮政	0.0075	0.0024	0.0013
文教、体育和娱乐用品、工艺美术品	0.0071	0.0081	0.0141
仪器仪表	0.0050	0.0057	0.0116
文化、体育和娱乐业	0.0048	0.0057	0.0052
水利、环境和公共设施管理业	0.0048	0.0048	0.0032
建筑业	0.0021	0.0077	0.0021
金属制品、机械和设备修理服务	0.0015	0.0020	—
社会保障、公共管理和社会组织	0.0013	0.0018	0.0007
教育	0.0010	0.0015	0.0021
卫生和社会工作	0.0006	0.0004	0.0030

数据来源：根据2007年、2012年和2017年我国投入产出表整理计算得到

总体来说，通过对直接消耗系数和完全消耗系数的对比，发现印刷产业的发展主要受造纸和纸制品制造业及化学工业的影响，后向关联效应特别明显，也在一定程度上说明该行业的发展主要会受到这两个行业的制约，因此在制定产业发展战略时要综合考虑这两个行业的情况。

综上所述，造纸和纸制品、化学工业作为上游产业仍然是印刷业的重要原料。同时，无论是直接消耗系数还是完全消耗系数，其数值都有下降的趋势，这说明印刷业的技术有了改进，质量和效益有了提高。

15.3 印刷业与其他产业的前向关联效应

前向关联衡量的是某产业与消耗该产业产品的产业之间的关系，该效应指标主要有直接分配系数和完全分配系数，分配系数越大，则前向关联效应越强，通过分配系数可以了解印刷产品的流向以及分配比重，从而分析印刷业在不同情况下的发展瓶颈。

1. 印刷业与其他产业的直接分配系数（见表15-4）

印刷业的直接分配系数是指印刷业产品中直接分配给各产业作为中间产品的比重。

根据表15-4可以得出以下结论。

（1）直接分配系数最大的行业均是租赁和商务服务业，系数从2007年的0.1238上升到2012年和2017年的0.2181和0.3092，即印刷业每增加1万元的供给，租赁和商务服务业在2007年、2012年和2017年分别要消耗印刷业1238元、2181元和3092元的产品。

表15-4 印刷业相关行业的直接分配系数

分类	行业	2017年	2012年	2007年
前向关联效应显著	租赁和商务服务业	0.3092	0.2181	0.1238
	信息传输、计算机服务和软件业	0.1558	0.1083	0.0450
	金融业	0.1315	0.1594	0.0505
	批发和零售业	0.0747	0.1045	0.1142
	文化、体育和娱乐业	0.0462	0.0522	0.0555
	社会保障、公共管理和社会组织	0.0456	0.0673	0.1252
	科学研究事业	0.0284	0.0255	0.0096
	印刷和记录媒介复制品业	0.0283	0.0283	0.0408
	食品制造业	0.0273	0.0316	0.0602
	教育	0.0245	0.0206	0.0778
	化学工业	0.0187	0.0231	0.0380
	房地产	0.0166	0.0131	0.0048

续表

分类	行业	2017年	2012年	2007年
前向关联效应波动较大	邮政	0.0279	0.0091	0.0044
前向关联效应较大	通信设备、计算机及其他电子设备制造业	0.0070	0.0087	0.0141
	造纸和纸制品	0.0055	0.0056	0.0216
	电气机械和器材制造业	0.0055	0.0143	0.0085
	服装鞋皮革羽绒及其制品业	0.0034	0.0048	0.0146
	文教、工艺、体育和娱乐用品	0.0028	0.0041	0.0092
	非金属矿物制品	0.0022	0.0043	0.0175
	通用、专用设备制造业	0.0020	0.0091	0.0079
	仪器仪表	0.0014	0.0012	0.0040
	居民服务和其他服务业	0.0013	0.0062	0.0226
	木材加工及家具制造业	0.0012	0.0021	0.0052
	水利、环境和公共设施管理业	0.0010	0.0038	0.0023
前向关联效应微弱	农业	0.0009	0.0018	0.0078
	纺织业	0.0007	0.0020	0.0066
	电力、热力、燃气、水的生产和供应	0.0006	0.0020	0.0161
	采选业	0.0002	0.0052	0.0103
	交通运输设备制造业	0.0002	0.0056	0.0066
	建筑业	0.0002	0.0066	0.0060
	住宿和餐饮业	0.0002	0.0021	0.0023
	石油加工、煤炭加工及核燃料加工业	0.0001	0.0007	0.0024
	卫生和社会工作	0.0001	0.0066	0.0181
	交通运输及仓储业	0.0001	0.0038	0.0156
	金属制品	0.0000	0.0036	0.0054
	金属冶炼及压延加工业	0.0000	0.0020	0.0079
	其他制造业（废品废料）	0.0000	0.0003	0.0000
	金属制品、机械和设备修理服务	0.0000	0.0001	—

数据来源：根据2007年、2012年和2017年我国投入产出表整理计算得到

除租赁和商务服务业外，前向关联效应显著的行业有10个，直接分配系

数均大于 0.01。其中，信息传输、计算机服务和软件业的直接分配系数较大，从 2007 年的 0.0450 上升到 2012 年和 2017 年的 0.1083 和 0.1558，也就是印刷业每增加一万元的供给，信息传输、计算机服务和软件业在 2007 年、2012 年和 2017 年分别要消耗印刷业 450 元、1083 元和 1558 元的产品；金融业、批发和零售业等行业的直接分配系数也都大于 0.01。

（2）与印刷业的前向关联效应波动较大的行业有邮政业，邮政业在 2007 年的直接分配系数达到 0.0044，2012 年上升到 0.0091，2017 年又大幅上升到 0.0279。这和近几年我国快递业务迅速发展，快递包装印刷量大幅增加有关。

（3）通信设备、计算机及其他电子设备制造业等 26 个行业的直接分配系数都小于 0.01，表现出了较小的前向关联效应。

综上所述，印刷业对国民经济中近半数的行业均有较大的直接前向关联效应，前向关联效应比较明显，说明印刷业的发展对整个经济发展会产生比较大的推动作用。尤其是对于租赁和商务服务业，信息传输、计算机服务和软件业，金融业的推动作用较为明显。租赁和商务服务业，信息传输、计算机服务和软件业的数值有很大提升，表明作用越来越明显。

2. 印刷业与其他产业的完全分配系数

直接分配系数只体现了印刷业对其他产业直接的前向关联，不能完全表明该产业与印刷业的关系，因此我们引入了完全分配系数，完全分配系数衡量直接或者间接对某一产业的产品分配比例。印刷业的完全分配系数见表 15-5。

表 15-5 印刷业相关行业的完全分配系数

行业	2017 年	2012 年	2007 年
租赁和商务服务业	0.4069	0.2797	0.1555
金融业	0.2405	0.2596	0.0865
信息传输、计算机服务和软件业	0.2373	0.1590	0.0649
建筑业	0.1911	0.1672	0.1356
批发和零售业	0.1807	0.1943	0.1770
化学工业	0.1412	0.1790	0.1864
食品制造业	0.1115	0.1136	0.1449
通信设备、计算机及其他电子设备制造业	0.1079	0.1118	0.1271
社会保障、公共管理和社会组织	0.0861	0.1042	0.1606

续表

行业	2017年	2012年	2007年
科学研究事业	0.0747	0.0600	0.0188
交通运输及仓储业	0.0738	0.0750	0.0632
交通运输设备制造业	0.0711	0.0894	0.0797
房地产	0.0708	0.0542	0.0174
通用、专用设备制造业	0.0669	0.1037	0.0896
金属冶炼及压延加工业	0.0604	0.1139	0.1104
文化、体育和娱乐业	0.0601	0.0628	0.0682
电气机械和器材制造业	0.0551	0.0813	0.0714
非金属矿物制品	0.0465	0.0560	0.0634
教育	0.0408	0.0352	0.1069
农业	0.0396	0.0480	0.0626
电力、热力、燃气、水的生产和供应	0.0395	0.0592	0.0806
邮政	0.0372	0.0128	0.0062
印刷和记录媒介复制品业	0.0355	0.0366	0.0538
服装鞋皮革羽绒及其制品业	0.0345	0.0382	0.0574
采选业	0.0299	0.0524	0.0510
卫生和社会工作	0.0283	0.0272	0.0432
金属制品	0.0280	0.0404	0.0379
住宿和餐饮业	0.0264	0.0236	0.0339
纺织业	0.0248	0.0359	0.0566
造纸和纸制品	0.0202	0.0214	0.0453
木材加工及家具制造业	0.0200	0.0217	0.0279
石油加工、煤炭加工及核燃料加工业	0.0198	0.0380	0.0386
居民服务和其他服务业	0.0172	0.0214	0.0400
文教、工艺、体育和娱乐用品	0.0150	0.0186	0.0295
仪器仪表	0.0086	0.0088	0.0116
水利、环境和公共设施管理业	0.0076	0.0111	0.0058
其他制造业（废品废料）	0.0036	0.0048	0.0010
金属制品、机械和设备修理服务	0.0012	0.0013	

数据来源：根据2007年、2012年和2017年我国投入产出表整理计算得到

根据表15-5可以得出以下结论。

（1）2017年，完全分配系数大于0.09的行业有8个，分别为租赁和商务服务业（0.4069），金融业（0.2405），信息传输、计算机服务和软件业（0.2373），建筑业（0.1911），批发和零售业（0.1807），化学工业（0.1412），食品制造业（0.1115），通信设备、计算机及其他电子设备制造业（0.1079），即印刷业每增加1万单位的产出，这8个行业直接或间接要消耗掉4069单位、2405单位、2373单位、1911单位、1807单位、1412单位、1115单位、1079单位印刷业的产出；2012年和2007年的完全分配系数大于0.09的行业比2017年多，比如社会保障、公共管理和社会组织，通用、专用设备制造业，金属冶炼及压延加工业，教育。

（2）2017年，完全分配系数处于0.01~0.09的行业共有26个，社会保障、公共管理和社会组织，科学研究事业等9个行业的完全分配系数较大，超过了0.05；2012年完全分配系数处于0.01~0.09的共有24个，2007年完全分配系数处于0.01~0.09的共有25个。

（3）从印刷业与所有行业的完全分配系数来看，印刷业与各行业的完全分配系数或大或小，说明印刷业与其他行业均有直接或间接的前向关联效应，该行业与其他行业息息相关；印刷业与其他行业的完全分配系数大于0.09的行业从2012年的11个减少到2017年的8个，说明与印刷业有前向关联效应的产业有集中的趋势；2012—2017年，完全分配系数增加的行业有9个，下降的有29个。同时可以看出，变化最大的是邮政业，上升了190.63%，变化幅度超过30%的有信息传输、计算机服务和软件业等12个行业，变化最小的是交通运输及仓储业，只有1.60%。

综上所述，印刷业对于租赁和商务服务业，信息传输、计算机服务和软件业，金融业的推动作用较为明显，租赁和商务服务业，信息传输、计算机服务和软件业的数值有很大提升，说明作用越来越明显，也在一定程度上说明该行业的发展主要会受到这两个行业的制约。

15.4 印刷业的产业波及效应分析

产业波及是指某一产业发生变化时，会引起与该产业直接相关的产业发生变化，又会导致直接或间接相关的部门的第二轮变化，这种变化会依次传导波及，直至效应逐渐减弱以至消失的过程。这种波及过程对整个国民经济所产生的影响就是产业波及效应。

产业波及效应可以通过影响力系数、感应度系数来衡量，而结合两者的交叉分析可以判断各产业的类型和在国民经济中所处的地位。

影响力系数反映了某产业每一单位的最终产品对国民经济各部门的完全需求量，所以该系数体现了所有产业受到某一个产业的需求波及。影响力系数较大则表明该产业对其他部门产品的需求很大、依赖性强，从而更能带动其他产业的发展。同时，影响力系数是某产业影响力与国民经济中所有产业部门的平均影响力之比，所以影响力系数小于1，则表明该产业的需求波及程度小于社会平均需求波及程度；影响力系数大于1，则表明该产业的需求波及程度大于社会平均需求波及程度。

感应度系数又称为产业推动系数，表示某个产业部门受其他产业部门的波及程度，即其他产业部门发展对该产业部门的诱发程度，它反映国民经济各个产业部门增加一个单位最终使用时，某一产业部门因此而受到的需求感应程度，也就是需要该产业部门为其他产业部门的生产而提供的产出量。同样，该行业的感应度系数大于1，表明该行业的感应程度高于社会平均感应度水平，并且系数越大，该产业越具有基础产业的属性，同时经济发展对这些产业的需求压力较大，经济的快速增长容易使这些产业的发展遇到瓶颈；若感应度系数小于1，则结论相反。

1. 2007年印刷业的关联交叉分析

经过对2007年39个部门的投入产出表计算，得出完全分配系数矩阵和完全消耗矩阵，并分别对其进行行向分析和列向分析，从而得出各产业的影响力系数、感应度系数。具体情况见表15-6。

表 15-6 各产业的影响力系数和感应度系数

行业	影响力系数	排名	感应度系数	排名
通信设备、计算机及其他电子设备制造业	1.4067	1	1.0730	14
电气、机械及器材制造业	1.3144	2	0.9401	18
交通运输设备制造业	1.3123	3	0.8479	23
仪器仪表制造业	1.2459	4	1.7791	3
金属制品业	1.2359	5	1.0814	13
通用、专用设备制造业	1.2352	6	0.9860	17
化学工业	1.2210	7	1.4469	7
服装鞋皮革羽绒及其制品业	1.2054	8	0.6073	33
纺织业	1.2048	9	0.9055	21
文教、工美、体育和娱乐用品	1.1737	10	0.6662	31
建筑业	1.1731	11	0.3449	38
金属冶炼及压延加工业	1.1725	12	1.3671	8
木材加工及家具制造业	1.1326	13	0.8592	22
造纸及纸制品业	1.1132	14	1.5137	6
石油加工、煤炭及核燃料加工业	1.1032	15	1.5695	5
印刷和记录媒介复制品业	1.1014	16	1.1799	10
租赁和商务服务业	1.0917	17	1.1166	11
卫生和社会工作	1.0868	18	0.4202	36
非金属矿物制品业	1.0855	19	0.9281	20
电力、热力、燃气、水的生产和供应	1.0806	20	1.6117	4
地质勘查业	0.9874	21	0.8173	26
食品制造及烟草加工业	0.9831	22	0.7822	29
旅游业	0.9481	23	0.5554	34
居民服务和其他服务业	0.9140	24	0.8067	28
住宿和餐饮业	0.9105	25	0.8191	24
文化、体育和娱乐业	0.9099	26	0.7760	30
采选业	0.8951	27	2.2431	1
交通运输及仓储业	0.8899	28	1.0500	15
邮政业	0.8494	29	1.0451	16

续表

行业	影响力系数	排名	感应度系数	排名
科学研究事业	0.8444	30	1.1845	9
水利、环境和公共设施管理业	0.8369	31	0.6521	32
社会保障、公共管理和社会组织	0.7851	32	0.3387	39
教育	0.7751	33	0.3970	37
信息传输、计算机服务和软件业	0.7629	34	0.8105	27
农业	0.7203	35	0.9382	19
批发零售业	0.7157	36	0.8188	25
金融业	0.6072	37	1.1078	12
房地产业	0.5024	38	0.5504	35
废品废料	0.4668	39	2.0627	2

数据来源：根据2007年、2012年和2017年我国投入产出表整理计算得到

根据表15-6的数据可以得出以下结论：

（1）印刷业的影响力系数为1.1014，名列第16位，该产业与其他产业均有比较深刻的后向关联，对整个国民经济的拉动作用高于各产业平均水平，对国民经济具有一定的拉动作用；印刷业感应度系数为1.1799，处于第10位，受其他产业的波及效应较明显，也表明该产业作为国民经济的配套服务产业的基础产业性质较强，受经济发展的影响较大。

（2）印刷业的需求波及程度和需求感应程度均超过了社会平均水平。各个产业的需求波及程度有差别，超过和低于社会平均需求波及水平的产业数分别为21和18个，所以印刷业的需求波及程度处于中等偏上水平。而各个产业的需求感应程度变动较大，有16个产业的需求感应程度在平均水平之上，而印刷业排名处于中等偏上水平。

为了更清晰地展现各个产业在经济中所处的位置，本书根据2007年影响力系数和感应度系数的大小对各部门进行分类，以1.0为界，将39个部门的影响力系数和感应度系数分割为四个象限，如图15-1所示。

图15-1中第一象限产业的影响力和感应度系数均大于1，需求波及程度和需求感应程度均超过了社会平均水平，属于强制约、强辐射的产业部门。该象限产业的前向和后向关联效应明显，能极大地拉动上游产业，又能为其他产业提供大量必需的中间产品，是拉动国民经济发展的重要支柱。第二象限产业

的影响力系数小于1，感应度系数大于1，属于弱辐射、强制约的产业部门。该象限的产业对其他产业的需求波及不强，而对其他产业需求感应程度非常强，同样能为其他产业提供大量的中间产品，基本上以提供能源和原材料的产业为主。第三象限产业的系数均小于1，产业为弱辐射、弱制约的类型，一般为农业、食品行业和第三产业居多，对国民经济的发展制约和推动作用都不是很强。第四象限产业的影响力系数大于1，感应度系数小于1，属于强辐射、弱制约的产业部门，该象限产业的后向关联效应明显，对上游产业的需求波及较强，而该产业的需求感应程度稍弱，以生产最终消耗品的产业和服务业为主。2007年各产业分类见表15-7。

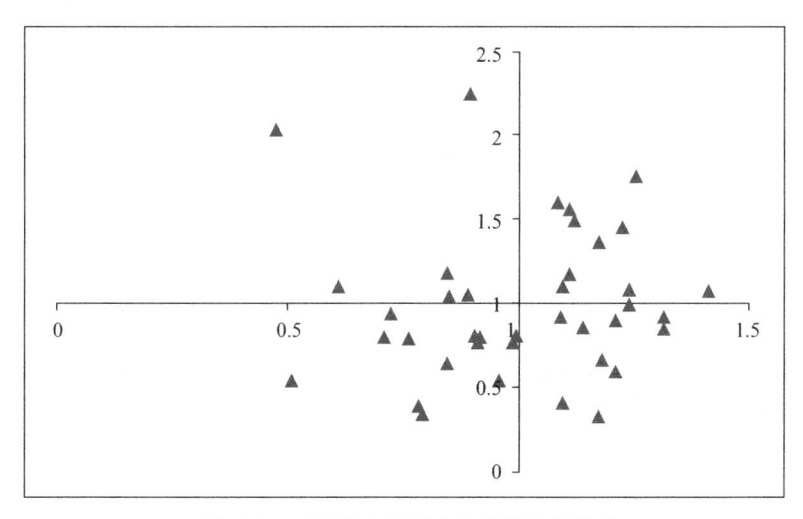

图15-1　2007年印刷业的关联交叉分析

表15-7　2007年各产业分类表

第二象限	第一象限
采选业，交通运输及仓储业，邮政业，科学研究事业，金融业，废品废料	通信设备、计算机及其他电子设备制造业，仪器仪表制造业，金属制品业，化学工业，金属冶炼及压延加工业，造纸及纸制品业，石油加工、煤炭及核燃料加工业，印刷和记录媒介复制品业，租赁和商务服务业，电力、热力、燃气、水的生产和供应

续表

第三象限	第四象限
地质勘查业，食品制造及烟草加工业，旅游业，居民服务和其他服务业，住宿和餐饮业，文化、体育和娱乐业，水利、环境和公共设施管理业，社会保障、公共管理和社会组织，教育，信息传输、计算机服务和软件业，农业，批发零售业，房地产业	电气、机械及器材制造业，交通运输设备制造业，通用、专用设备制造业，服装鞋皮革羽绒及其制品业，纺织业，文教、工美、体育和娱乐用品，建筑业，木材加工及家具制造业，卫生和社会工作，非金属矿物制品业

印刷业和记录媒介的复制业在图中位于第一象限，说明产业发展属于比较理想的状态。影响力系数大于社会平均水平，表明印刷产业对其他产业的拉动作用比较大；感应度系数亦大于社会平均水平，说明印刷产业作为国民经济配套服务产业，其发展较多地受到国民经济发展的影响。

综上所述，印刷业对其他产业的拉动和推动作用都较大。

2. 2012年印刷业的关联交叉分析

同样地，通过对2012年38个部门的投入产出表的整理、完全分配系数矩阵的行向分析和完全消耗矩阵的列向分析，得出各产业2012年的影响力系数、感应度系数。具体情况见表15-8。

表15-8 各产业的影响力系数和感应度系数

行业	影响力系数	排名	感应度系数	排名
通信设备、计算机及其他电子设备制造业	1.3543	1	1.0946	14
电气、机械和器材制造业	1.3066	2	0.8674	23
交通运输设备制造业	1.2657	3	0.7023	29
金属制品、机械和设备修理服务	1.2493	4	1.5238	3
仪器仪表	1.2469	5	1.3914	8
通用、专用设备制造业	1.2451	6	0.8302	24
金属制品	1.2353	7	1.0256	17
化学工业	1.2108	8	1.4063	7
文教、工美、体育和娱乐用品	1.1834	9	0.6530	31
金属冶炼及压延加工业	1.1818	10	1.3332	9
服装鞋皮革羽绒及其制品业	1.1752	11	0.5525	34
纺织业	1.1672	12	1.0563	16

续表

行业	影响力系数	排名	感应度系数	排名
木材加工及家具制造业	1.1444	13	0.8749	21
造纸和纸制品制造业	1.1362	14	1.4975	6
建筑业	1.1359	15	0.3663	36
非金属矿物制品	1.1064	16	0.9163	19
印刷和记录媒介复制品业	1.0945	17	1.2401	10
电力、热力、燃气、水的生产和供应	1.0590	18	1.5003	5
石油加工、煤炭加工及核燃料加工业	1.0556	19	1.5150	4
租赁和商务服务业	1.0143	20	1.2155	11
科学研究事业	0.9957	21	0.9055	20
食品制造业	0.9722	22	0.8148	25
卫生和社会工作	0.9616	23	0.3412	38
交通运输及仓储业	0.9509	24	1.0999	13
水利、环境和公共设施管理业	0.8927	25	0.6172	32
信息传输、计算机服务和软件业	0.8690	26	0.6618	30
邮政	0.8603	27	1.0671	15
住宿和餐饮业	0.8552	28	0.8097	26
采选业	0.8437	29	2.4522	1
居民服务和其他服务业	0.8172	30	0.7712	27
文化、体育和娱乐业	0.7992	31	0.7239	28
其他制造业（废品废料）	0.7911	32	1.8453	2
农业	0.7163	33	0.9947	18
社会保障、公共管理和社会组织	0.7107	34	0.3576	37
金融业	0.6771	35	1.1562	12
批发和零售	0.6024	36	0.8709	22
教育	0.5753	37	0.3710	35
房地产	0.5412	38	0.5775	33

数据来源：根据 2007 年、2012 年和 2017 年我国投入产出表整理计算得到

根据表 15-8 中的数据，可以得到以下结论：

（1）印刷业与其他产业的后向关联效应比较深刻，影响力系数和感应度系数都大于1，分别为1.0945和1.2401，排名在第17和10位，辐射能力和制约能力较强。

（2）印刷业的需求波及程度和需求感应程度都超过了社会平均水平。各个产业中需求波及程度超过了社会平均水平共有20个，所以印刷业的需求波及程度处于中等偏上水平。各个产业的需求感应程度超过了社会平均水平的也有17个，印刷业的感应程度处于上游水平，说明印刷业具有基础产业和瓶颈产业的属性。

（3）影响力系数超过印刷业的产业有通信设备、计算机及其他电子设备制造业，电气机械和器材制造业，交通运输设备制造业，仪器仪表及文教、工美、体育和娱乐用品等16个，这些产业大都需要上游产业为其提供原材料，对其他产业的拉动作用都比较大。印刷业的感应度系数在38个产业中排名第10位，处于上游水平。

同样地，本书根据2012年影响力系数和感应度系数的大小对各部门进行分类，将38个部门的影响力系数和感应度系数分割为四个象限。

如图15-2所示，印刷业在图中依然位于第一象限，影响力系数和感应度系数均大于社会平均水平，表明印刷业对上游产业的拉动作用较强，而其产品多作为中间消耗品被各行业所使用。

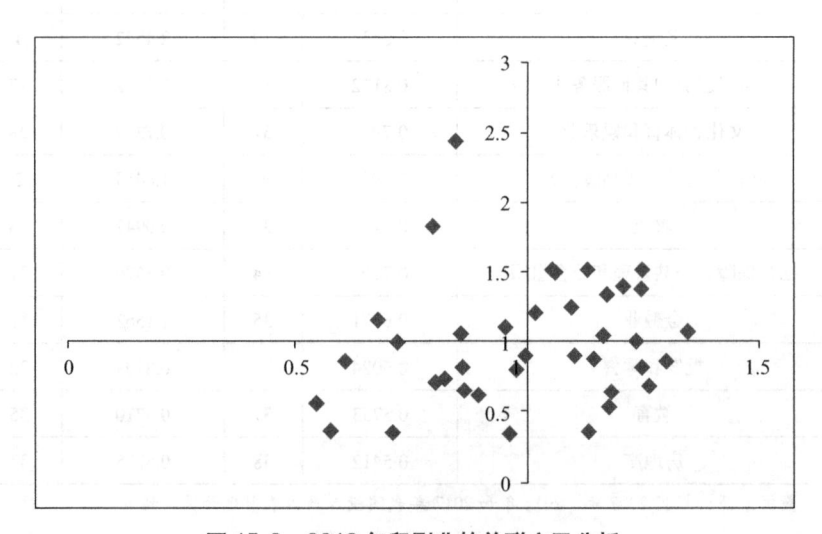

图15-2　2012年印刷业的关联交叉分析

表 15-9　2012 年各产业分类表

第二象限	第一象限
采选业，交通运输及仓储业，邮政业，金融业，其他制造业（废品废料）	通信设备、计算机及其他电子设备制造业，金属制品、机械和设备修理服务，仪器仪表，通用、专用设备制造业、金属制品业，化学工业，金属冶炼及压延加工业，纺织业，造纸和纸制品业，石油加工、炼焦及核燃料加工业。印刷和记录媒介复制品业，租赁和商务服务业，电力、热力、燃气、水的生产和供应
第三象限	第四象限
科学研究事业，食品制造业，卫生和社会工作，水利、环境和公共设施管理业，信息传输、计算机服务和软件业，住宿和餐饮业，居民服务和其他服务业，文化、体育和娱乐业，农业，社会保障、公共管理和社会组织，批发和零售，教育，房地产	电气、机械和器材制造业，交通运输设备制造业，通用、专用设备制造业，文教、工美、体育和娱乐用品，服装、鞋皮革羽绒及其制品业，木材加工及家具制造业，建筑业，非金属矿物制品

3. 2017 年印刷业的关联交叉分析

通过对 2017 年 38 个部门的投入产出表的整理、完全分配系数矩阵的行向分析和完全消耗矩阵的列向分析，得出各产业 2017 年的影响力系数、感应度系数。具体情况见表 15-10。

表 15-10　各产业的影响力系数和感应度系数

行业	影响力系数	排名	感应度系数	排名
通信设备、计算机及其他电子设备制造业	1.4278	1	1.1845	12
电气、机械及器材制造业	1.2749	2	0.9519	19
服装鞋皮革羽绒及其制品业	1.2570	3	0.6499	34
仪器仪表	1.2459	4	1.3897	6
交通运输设备制造业	1.2430	5	0.7940	26
金属制品、机械和设备修理服务	1.2329	6	1.2112	11
通用、专用设备制造业	1.2327	7	0.9171	22
纺织业	1.2171	8	1.0824	15
文教、体育和娱乐用品、工艺美术品	1.1979	9	0.6895	31
木材加工及家具制造业	1.1700	10	0.8660	24

续表

行业	影响力系数	排名	感应度系数	排名
金属制品	1.1658	11	1.0393	18
化学工业	1.1622	12	1.3693	7
建筑业	1.1417	13	0.3679	37
造纸和纸制品	1.1388	14	1.5323	3
印刷和记录媒介复制品业	1.1206	15	1.2982	9
金属冶炼及压延加工业	1.1088	16	1.3074	8
非金属矿物制品业	1.0683	17	0.9128	23
电力、热力、燃气、水的生产和供应	1.0147	18	1.4225	5
食品制造及烟草加工业	1.0137	19	0.8092	25
石油加工、煤炭及核燃料加工业	1.0095	20	1.4230	4
租赁和商务服务业	1.0081	21	1.2215	10
卫生和社会工作	0.9862	22	0.3629	38
科学研究事业	0.9735	23	0.7201	30
住宿和餐饮业	0.9407	24	0.9226	21
水利、环境和公共设施管理业	0.8982	25	0.6643	33
交通运输及仓储业	0.8754	26	1.0720	16
邮政	0.8487	27	1.1445	13
居民服务和其他服务业	0.8260	28	0.7684	27
采选业	0.8239	29	2.2850	1
文化、体育和娱乐业	0.8125	30	0.6716	32
信息传输、计算机服务和软件业	0.8052	31	0.7408	28
其他制造业（废品废料）	0.7375	32	1.6297	2
农业	0.7342	33	1.0538	17
社会保障、公共管理和社会组织	0.7237	34	0.3711	36
金融业	0.7207	35	1.0977	14
批发和零售贸易业	0.6516	36	0.9513	20
教育	0.6215	37	0.3813	35
房地产	0.5694	38	0.7234	29

数据来源：根据2007年、2012年和2017年我国投入产出表整理计算得到

根据表 15-10 中的数据可以得出以下结论：

（1）印刷业与其他产业的后向关联效应比较深刻，影响力系数和感应度系数都大于 1，分别为 1.1206 和 1.2982，排名在第 15 和第 9 位，辐射能力和制约能力较强。

（2）印刷业的需求波及程度和需求感应程度都超过了社会平均水平。各个产业中需求波及程度超过了社会平均水平共有 21 个，所以印刷业的需求波及程度处于上游水平。各个产业的需求感应程度超过了社会平均水平的也有 18 个，印刷业的感应程度处于上游水平，说明印刷业具有基础产业和瓶颈产业的属性。

（3）影响力系数超过印刷业的产业有通信设备、计算机及其他电子设备制造业，电气、机械及器材制造业、交通运输设备制造业、仪器仪表等 14 个，这些产业大都需要上游产业为其提供原材料,对其他产业的拉动作用都比较大。印刷业的感应度系数在 38 个产业中处于第 9 位，处于上游水平。

同样地，本书根据 2017 年影响力系数和感应度系数的大小对各产业进行分类，将 38 个部门的影响力系数和感应度系数分割为四个象限，如图 15-3 所示。

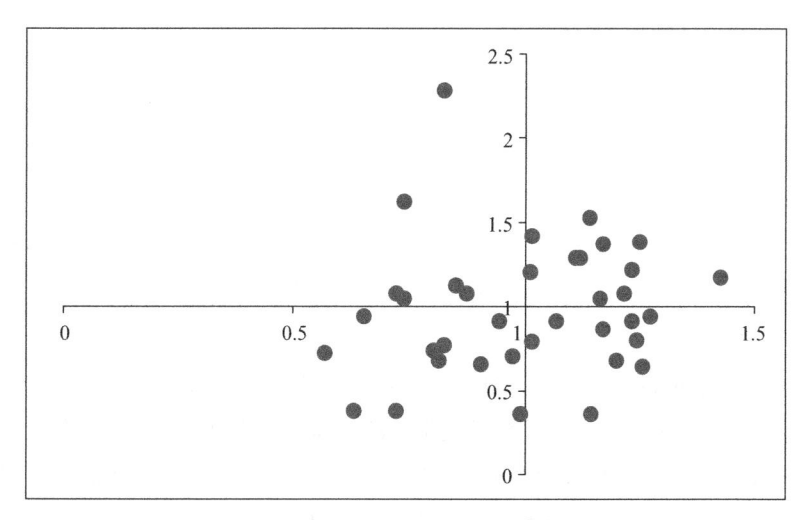

图 15-3　2017 年印刷业的关联交叉分析

图 15-3 中，印刷业在图中依然位于第一象限，影响力系数和感应度系数均大于社会平均水平，表明印刷业对上游产业的拉动作用较强，而其产品多作为中间消耗品被各行业所使用。

2017年各产业分类表见表15-11。

表15-11 2017年各产业分类表

第二象限	第一象限
采选业，交通运输及仓储业，邮政业，金融业，其他制造业（废品废料），农业	通信设备、计算机及其他电子设备制造业，金属制品、机械和设备修理服务，仪器仪表，交通运输设备制造业，金属制品、机械和设备修理服务，化学工业，金属冶炼及压延加工业，纺织业，造纸和纸制品，石油加工、煤炭及核燃料加工业，印刷和记录媒介复制品业，租赁和商务服务业，电力、热力、燃气、水的生产和供应
第三象限	第四象限
科学研究事业，社会工作和卫生，水利、环境和公共设施管理业，信息传输、计算机服务和软件业，住宿和餐饮业，居民服务和其他服务业，文化、体育和娱乐业，社会保障、公共管理和社会组织，批发和零售，教育，房地产	电气、机械和器材制造业，交通运输设备制造业，通用、专用设备制造业，文教、工美、体育和娱乐用品，服装鞋皮革羽绒及其制品业，木材加工及家具制造业，建筑业、非金属矿物制品，食品制造业

15.5 总结

投入产出分析是进行产业关联分析的常用方法，投入产出表科学地反映了各部门之间的投入产出关系，投入产出的变动，反映了部门之间技术经济关系的变化。本章利用投入产出分析方法，分析了印刷业与其上下游产业之间直接和间接的联系。

印刷业后向关联效应显著的产业是造纸和纸制品制造业、化学工业，这是印刷业的上游产业，为印刷业提供纸张、油墨等主要的原材料。近年来，印刷业对造纸和纸制品制造业、化学工业的直接消耗系数和完全消耗系数都有下降的趋势，这说明印刷业的技术有了改进，质量和效益有了提高。

印刷业对国民经济中近半数的行业均有较大的直接前向关联效应，印刷业的发展对整个经济发展会产生比较大的推动作用。印刷业前向关联显著的是租赁和商务服务业，信息传输、计算机服务和软件业，金融业，这也是商务印刷服务的主要部门，经济的发展和经济结构的转型将推动商务印刷更快发展。

印刷业影响力系数和感应度系数均大于1，属于对国民经济推动及受国民经济拉动作用都比较明显的行业。印刷业在国民经济发展中具有重要作用，是不可或缺的重要经济部门。

从2007年、2012年和2017年投入产出分析结果对比来看，印刷业中间投入率有所提高，增加值率有所下降，一方面说明印刷业资本投入增加，这和近年来的数字化、智能化设备及系统投入有关；另一方面就是印刷业主要材料价格提高导致中间投入的增加。相比上游材料价格的上涨，印刷业工价变化相对较小，也使得增加值率有所下降。

第16章　印刷业结构与变化分析

16.1　出版物印刷发展指标分析

如表 16-1 所示，截至 2020 年 12 月底，我国共有出版物印刷企业 7345 家，2020 年实现总产值 1741.54 亿元，增加值 396.63 亿元。

表 16-1　出版物印刷主要指标

年度	企业单位数/个	总产值/亿元	增加值/亿元
2016	7225	1724.50	470.67
2017	7177	1785.66	482.05
2018	7277	1851.88	514.49
2019	7427	1860.01	440.20
2020	7345	1741.54	396.63

数据来源：国家新闻出版署印刷业年检数据

受新冠肺炎疫情影响，如表 16-2 所示，2020 年出版物印刷企业单位数、总产值和增加值均出现下滑。

表 16-2　出版物印刷主要指标增长率　　　　　　　　单位：%

年度	企业单位数增长率	总产值增长率	增加值增长率
2016	0.7	-0.8	5.8

续表

年度	企业单位数增长率	总产值增长率	增加值增长率
2017	-0.7	3.6	3.4
2018	1.4	3.7	6.7
2019	2.1	0.4	-14.4
2020	-1.1	-6.4	-9.9

数据来源：国家新闻出版署印刷业年检数据

如表 16-3 所示，2016 年，出版物印刷总产值排前五位的省市是广东省、浙江省、山东省、北京市与湖南省。广东省印刷业总产值和增加值遥遥领先，浙江省和山东省印刷业总产值比较接近。

表 16-3　2016 年出版物印刷五强省、市

排名	省、市	总产值/亿元	增加值/亿元
1	广东	302.02	104.82
2	浙江	168.87	38.52
3	山东	168.80	20.99
4	北京	135.84	61.57
5	湖南	119.04	22.79

数据来源：国家新闻出版署印刷业年检数据

如表 16-4 所示，2017 年，出版物印刷总产值排前五位的省市是广东省、浙江省、山东省、北京市与湖南省，排名顺序与 2016 年相同。出版物印刷业排名靠前省市多为经济发达、人口集中或是出版业发达的地区。

表 16-4　2017 年出版物印刷五强省、市

排名	省、市	总产值/亿元	增加值/亿元
1	广东	306.33	102.08
2	浙江	178.39	40.80
3	山东	170.27	20.88
4	北京	160.89	56.94
5	湖南	117.55	31.16

数据来源：国家新闻出版署印刷业年检数据

如表 16-5 所示，2018 年，出版物印刷总产值排前五位的省市不变，广东

省总产值有所下滑,浙江省总产值进一步增加。

表 16-5　2018 年出版物印刷五强省、市

排名	省、市	总产值/亿元	增加值/亿元
1	广东	296.07	69.98
2	浙江	191.06	43.61
3	山东	179.53	25.17
4	北京	163.75	53.59
5	湖南	120.89	26.61

数据来源:国家新闻出版署印刷业年检数据

如表 16-6 所示,2019 年,出版物印刷总产值广东省仍为第一,山东省跃居第二,浙江省排名下降为第四,北京市超过浙江省位居第三。

表 16-6　2019 年出版物印刷五强省、市

排名	省、市	总产值/亿元	增加值/亿元
1	广东	337.19	91.40
2	山东	197.52	28.67
3	北京	146.20	49.31
4	浙江	123.16	25.73
5	湖南	122.84	26.47

数据来源:国家新闻出版署印刷业年检数据

如表 16-7 所示,2020 年,出版物印刷总产值广东省仍为第一,山东省第二,北京市第三,湖南省超过浙江省位居第四,浙江省下滑至第五。

表 16-7　2020 年出版物印刷五强省、市

排名	省、市	总产值/亿元	增加值/亿元
1	广东	315.17	85.87
2	山东	179.73	26.37
3	北京	120.63	32.77
4	湖南	120.15	25.90
5	浙江	119.09	22.40

数据来源:国家新闻出版署印刷业年检数据

如表 16-8 和图 16-1 所示，2016 年，出版物印刷增加值占比最大的是环渤海地区，占 24.4%，其次是珠三角地区，占 22.3%，再次是长三角地区，占 19.4%。

表 16-8　2016 年出版物印刷区域分布

区域	总产值 / 亿元	增加值 / 亿元	增加值占比 / %
珠三角地区	302.02	104.82	22.3
长三角地区	345.93	91.24	19.4
环渤海地区	448.77	114.82	24.4
中部地区	328.75	79.16	16.8
其他地区	209.02	80.62	17.1

数据来源：国家新闻出版署印刷业年检数据

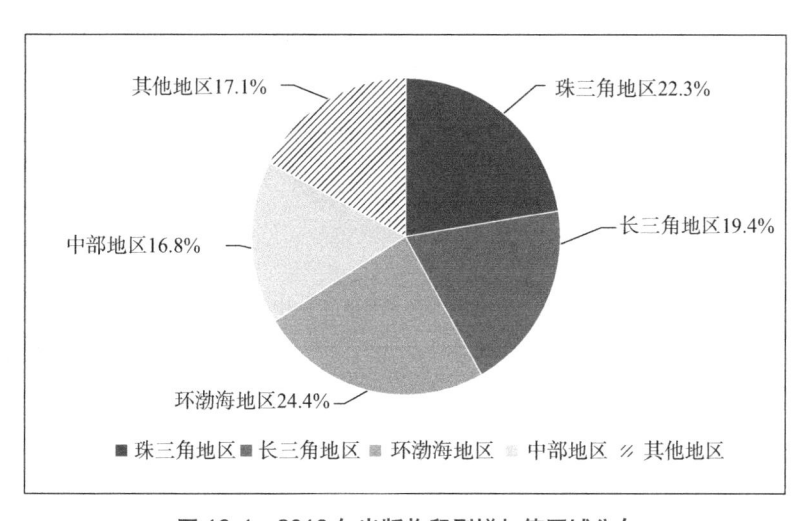

图 16-1　2016 年出版物印刷增加值区域分布

如表 16-9 和图 16-2 所示，2017 年，出版物印刷增加值占比最大的是环渤海地区，占 22.9%，其次是珠三角地区，占 21.2%，再次是其他地区，占 19.4%。

表 16-9 2017 年出版物印刷区域分布

区域	总产值/亿元	增加值/亿元	增加值占比/%
珠三角地区	306.33	102.08	21.2
长三角地区	361.27	92.53	19.2
环渤海地区	467.83	110.16	22.9
中部地区	332.70	83.66	17.4
其他地区	317.52	93.61	19.4

数据来源：国家新闻出版署印刷业年检数据

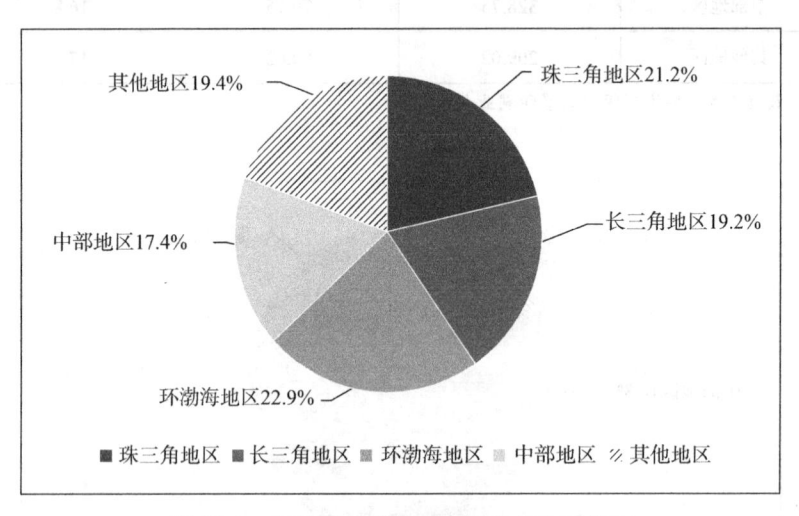

图 16-2 2017 年出版物印刷增加值区域分布

如表 16-10 和图 16-3 所示，2018 年，出版物印刷增加值占比最大的是环渤海地区，占 33.4%，其次是其他地区，占 19.6%，再次是长三角地区，占 18.1%。

表 16-10 2018 年出版物印刷区域分布

区域	总产值/亿元	增加值/亿元	增加值占比/%
珠三角地区	296.07	69.98	13.6
长三角地区	394.07	93.17	18.1
环渤海地区	484.42	172.0	33.4

续表

区域	总产值/亿元	增加值/亿元	增加值占比/%
中部地区	338.74	78.89	15.3
其他地区	338.58	100.44	19.6

数据来源：国家新闻出版署印刷业年检数据

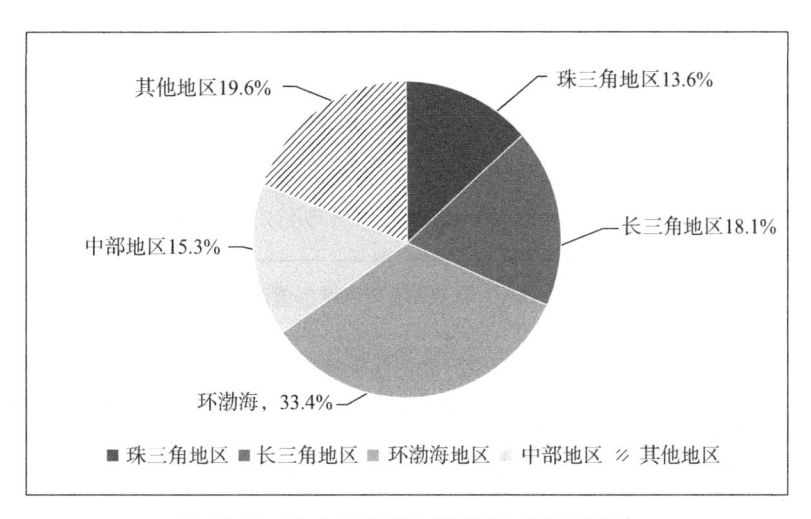

图 16-3　2018 年出版物印刷增加值区域分布

如表 16-11 和图 16-4 所示，2019 年，出版物印刷增加值占比最大的是环渤海地区，占 27.3%，其次是珠三角地区，占 20.8%，再次是长三角地区，占 17.8%。

表 16-11　2019 年出版物印刷区域分布

区域	总产值/亿元	增加值/亿元	增加值占比/%
珠三角地区	337.19	91.40	20.8
长三角地区	326.0	78.16	17.8
环渤海地区	514.62	120.19	27.3
中部地区	339.72	73.99	16.8
其他地区	342.47	76.46	17.3

数据来源：国家新闻出版署印刷业年检数据

如表 16-12 和图 16-5 所示，2020 年，出版物印刷增加值占比最大的是环渤海地区，占 24.2%，其次是珠三角地区，占 21.6%，再次是长三角地区，占 19.3%。

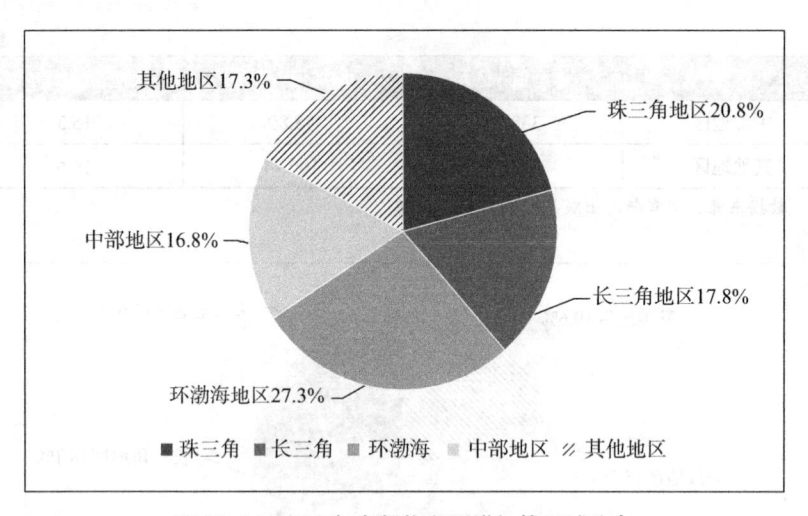

图 16-4　2019 年出版物印刷增加值区域分布

表 16-12　2020 年出版物印刷区域分布

区域	总产值/亿元	增加值/亿元	增加值占比/%
珠三角地区	315.17	85.87	21.6
长三角地区	329.06	76.38	19.3
环渤海地区	448.61	96.27	24.2
中部地区	319.65	62.87	15.9
其他地区	329.04	75.23	19.0

数据来源：国家新闻出版署印刷业年检数据

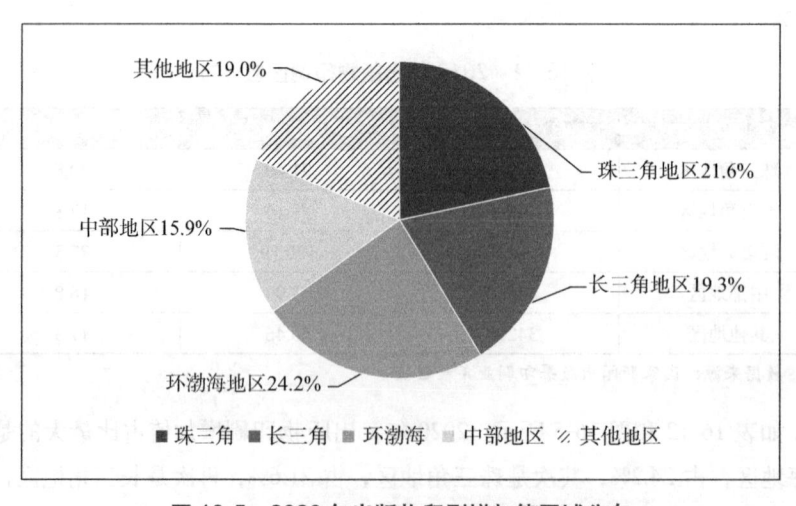

图 16-5　2020 年出版物印刷增加值区域分布

16.2 包装装潢印刷发展指标分析

如表 16-13 所示，截至 2020 年 12 月底，我国共有包装装潢印刷企业 51159 家，2020 年实现总产值 10097.18 亿元，增加值 2186.01 亿元。

表 16-13 包装装潢印刷主要指标

年度	企业单位数/个	总产值/亿元	增加值/亿元
2016	51375	8704.37	1948.38
2017	50187	9279.19	2072.53
2018	50738	9838.68	2189.97
2019	50318	10075.26	2043.10
2020	51159	10097.18	2186.01

数据来源：国家新闻出版署印刷业年检数据

如表 16-14 所示，2016—2020 年，包装装潢印刷总产值增长率均为正数，增长率呈下降趋势，2019 年增加值增长率为负数。

表 16-14 包装装潢印刷主要指标增长率　　　　　单位：%

年度	企业单位数增长率	总产值增长率	增加值增长率
2016	0.7	3.6	1.0
2017	-2.3	6.6	6.4
2018	1.1	6.0	5.7
2019	0.8	2.4	-6.7
2020	1.7	0.2	7.0

数据来源：国家新闻出版署印刷业年检数据

如表 16-15 所示，2016 年，包装装潢印刷总产值位于前五名的省市分别是广东省、江苏省、浙江省、上海市和山东省，其中广东省总产值达到 1706.97 亿元。

表16-15　2016年包装装潢印刷五强省、市

排名	省、市	总产值/亿元	增加值/亿元
1	广东	1706.97	498.54
2	江苏	1201.60	228.37
3	浙江	1026.27	217.24
4	上海	659.98	202.44
5	山东	581.18	84.09

数据来源：国家新闻出版署印刷业年检数据

如表16-16所示，2017年，包装装潢印刷总产值位于前五名的省市分别是广东省、江苏省、浙江省、上海市和山东省，其中广东省总产值达到1964.64亿元。

表16-16　2017年包装装潢印刷五强省、市

排名	省、市	总产值/亿元	增加值/亿元
1	广东	1964.64	540.34
2	江苏	1302.20	264.0
3	浙江	1098.24	231.34
4	上海	676.92	206.36
5	山东	645.85	86.57

数据来源：国家新闻出版署印刷业年检数据

如表16-17所示，2018年，包装装潢印刷总产值位于前五名的省市分别是广东省、江苏省、浙江省、山东省和上海市，其中广东省总产值达到2128.90亿元。

表16-17　2018年包装装潢印刷五强省、市

排名	省、市	总产值/亿元	增加值/亿元
1	广东	2128.90	524.22
2	江苏	1409.71	281.71
3	浙江	1176.21	247.30
4	山东	685.01	97.55
5	上海	502.38	98.31

数据来源：国家新闻出版署印刷业年检数据

如表 16-18 所示，2019 年，包装装潢印刷总产值位于前五名的省市分别是广东省、江苏省、浙江省、山东省和上海市，其中广东省总产值达到 2172.81 亿元。

表 16-18　2019 年包装装潢印刷五强省、市

排名	省、市	总产值/亿元	增加值/亿元
1	广东	2172.81	527.30
2	江苏	1460.29	228.70
3	浙江	1379.47	227.51
4	山东	712.11	96.53
5	上海	672.68	232.36

数据来源：国家新闻出版署印刷业年检数据

如表 16-19 所示，2020 年，包装装潢印刷总产值位于前五名的省市分别是广东省、江苏省、浙江省、山东省和上海市，其中广东省总产值达到 2155.08 亿元。

表 16-19　2020 年包装装潢印刷五强省、市

排名	省、市	总产值/亿元	增加值/亿元
1	广东	2155.08	557.97
2	江苏	1512.06	311.42
3	浙江	1419.50	232.88
4	山东	711.45	95.62
5	上海	663.46	235.90

数据来源：国家新闻出版署印刷业年检数据

如表 16-20 和图 16-6 所示，2016 年，包装装潢印刷增加值占比最大的是长三角地区，占 33.3%，其次是珠三角地区，占 25.5%，再次是环渤海地区，占 14.9%。

表 16-20　2016 年包装装潢印刷区域分布

区域	总产值/亿元	增加值/亿元	增加值占比/%
珠三角地区	1706.97	498.54	25.5
长三角地区	2887.85	648.05	33.3

续表

区域	总产值/亿元	增加值/亿元	增加值占比/%
环渤海地区	1601.93	289.42	14.9
中部地区	1195.13	225.29	11.6
其他地区	1312.48	287.09	14.7

数据来源：国家新闻出版署印刷业年检数据

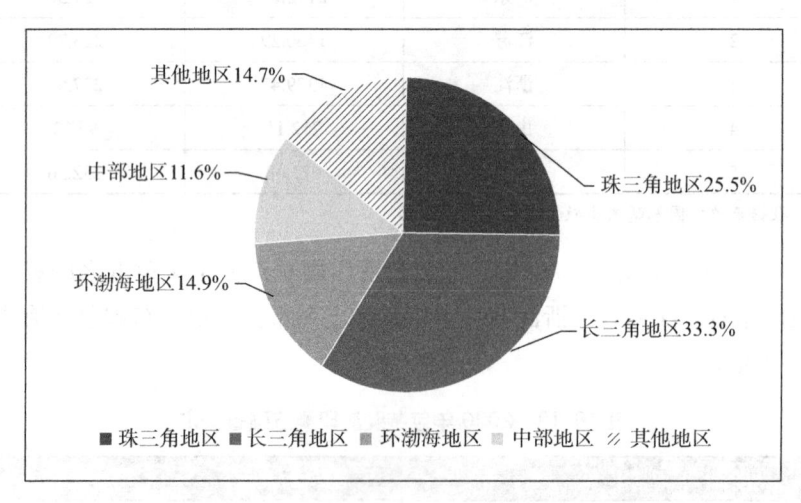

图 16-6　2016 年包装装潢印刷增加值区域分布

如表 16-21 和图 16-7 所示，2017 年，包装装潢印刷增加值占比最大的是长三角地区，占 33.9%，其次是珠三角地区，占 26.1%，再次是环渤海地区，占 14.1%。

表 16-21　2017 年包装装潢印刷区域分布

区域	总产值/亿元	增加值/亿元	增加值占比/%
珠三角地区	1964.64	540.34	26.1
长三角地区	3077.35	701.70	33.9
环渤海地区	1536.34	294.02	14.1
中部地区	1292.81	250.12	12.1
其他地区	1408.06	286.34	13.8

数据来源：国家新闻出版署印刷业年检数据

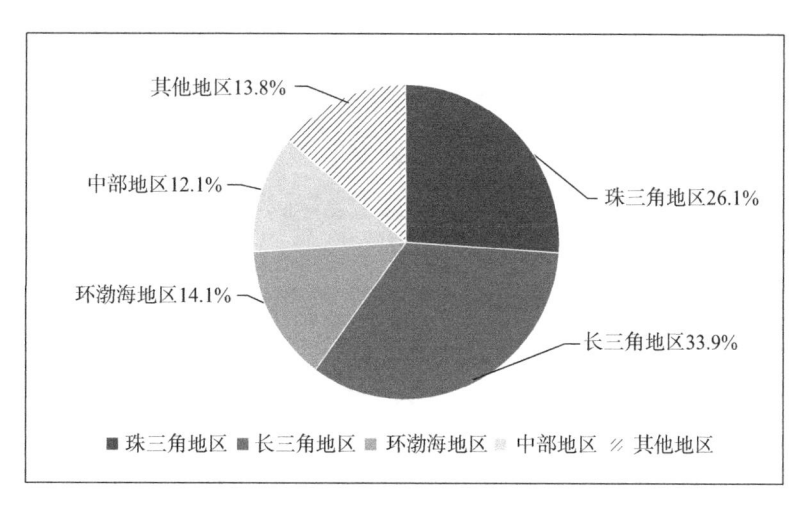

图 16-7　2017 年包装装潢印刷增加值区域分布

如表 16-22 和图 16-8 所示，2018 年，包装装潢印刷增加值占比最大的是长三角地区，占 33.3%，其次是珠三角地区，占 23.9%，再次是环渤海地区，占 17.9%。

表 16-22　2018 年包装装潢印刷区域分布

区域	总产值 / 亿元	增加值 / 亿元	增加值占比 / %
珠三角地区	2128.90	524.22	23.9
长三角地区	3268.80	730.26	33.3
环渤海地区	1590.06	392.97	17.9
中部地区	1367.12	251.78	11.6
其他地区	1483.81	290.73	13.3

数据来源：国家新闻出版署印刷业年检数据

如表 16-23 和图 16-9 所示，2019 年，包装装潢印刷增加值占比最大的是长三角地区，占 33.7%，其次是珠三角地区，占 25.7%，再次是环渤海地区，占 14.4%。

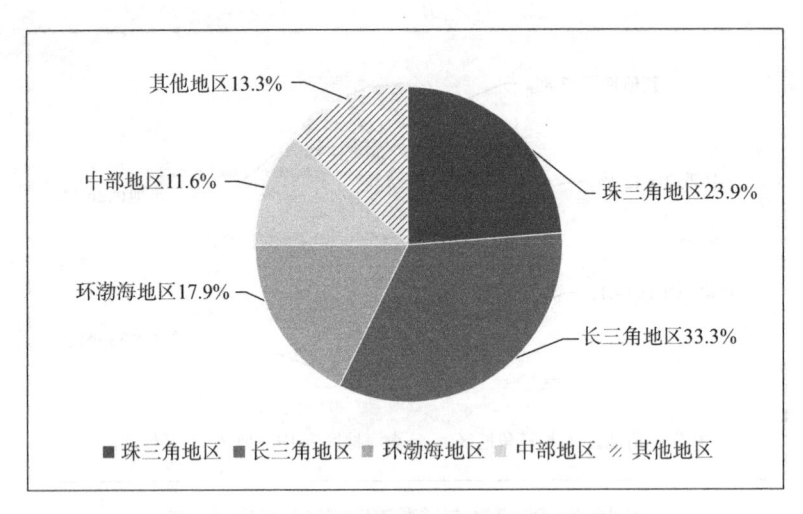

图 16-8 2018 年包装装潢印刷增加值区域分布

表 16-23 2019 年包装装潢印刷区域分布

区域	总产值/亿元	增加值/亿元	增加值占比/%
珠三角地区	2172.81	527.30	25.7
长三角地区	3512.44	688.58	33.7
环渤海地区	1544.91	293.39	14.4
中部地区	1337.19	243.14	11.9
其他地区	1507.91	291.79	14.3

数据来源：国家新闻出版署印刷业年检数据

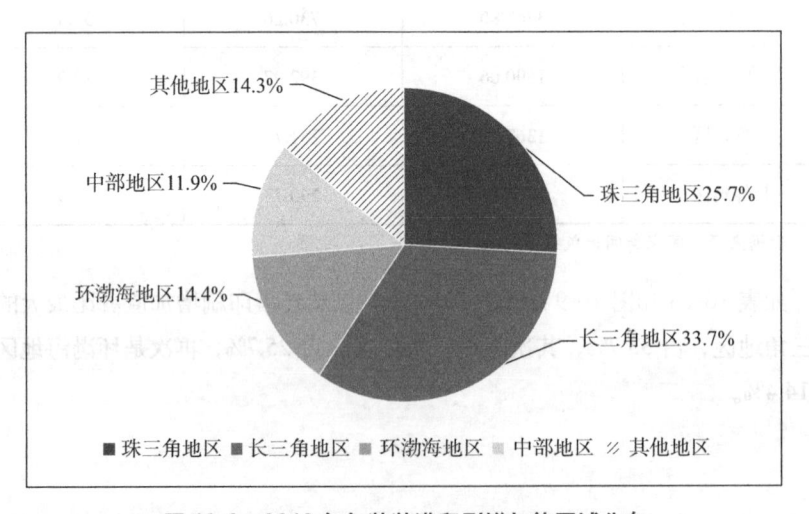

图 16-9 2019 年包装装潢印刷增加值区域分布

如表 16-24 和图 16-10 所示，2020 年，包装装潢印刷增加值占比最大的是长三角地区，占 35.7%，其次是珠三角地区，占 25.5%，再次是其他地区，占 14.7%。

表 16-24　2020 年包装装潢印刷区域分布

区域	总产值 / 亿元	增加值 / 亿元	增加值占比 / %
珠三角地区	2155.08	557.97	25.5
长三角地区	3595.03	780.19	35.7
环渤海地区	1466.07	274.03	12.5
中部地区	1364.61	253.39	11.6
其他地区	1516.40	320.43	14.7

数据来源：国家新闻出版署印刷业年检数据

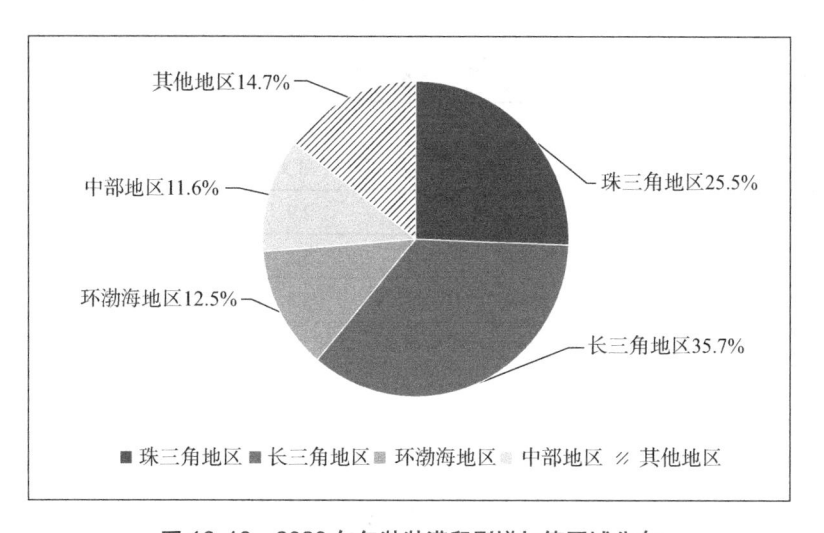

图 16-10　2020 年包装装潢印刷增加值区域分布

16.3　其他印刷发展指标分析

如表 16-25 所示，截至 2020 年 12 月底，我国共有其他印刷企业 36684 家，

2020年实现总产值954.79亿元,增加值177.29亿元。

表16-25　其他印刷主要指标

年度	企业单位数/个	总产值/亿元	增加值/亿元
2016	40250	881.98	201.72
2017	39048	833.07	202.86
2018	37432	877.89	196.83
2019	36557	923.90	181.41
2020	36684	954.79	177.29

数据来源：国家新闻出版署印刷业年检数据

如表16-26所示，2020年，其他印刷企业单位数略有增加，总产值有所增加，增加值有所下降。

表16-26　其他印刷主要指标增长率　　　　　　　　　单位：%

年度	企业单位数增长率	总产值增长率	增加值增长率
2016	-4.7	0.9	1.6
2017	-3.0	-3.3	0.6
2018	-4.1	2.9	-3.0
2019	-2.3	5.2	-7.8
2020	0.4	3.3	-2.3

数据来源：国家新闻出版署印刷业年检数据

16.4　印刷业总产值和增加值构成

如表16-27和图16-11所示，2016—2020年，出版物印刷总产值占比下降，包装装潢印刷总产值占比上升，其他印刷总产值占比先下降后上升。

表16-27　印刷业总产值构成　　　　　　　　　　　单位：%

年度	出版物印刷总产值占比	包装装潢印刷总产值占比	其他印刷总产值占比
2016	15.2	77.0	7.8

续表

年度	出版物印刷总产值占比	包装装潢印刷总产值占比	其他印刷总产值占比
2017	15.0	78.0	7.0
2018	14.7	78.3	7.0
2019	14.5	78.4	7.2
2020	13.6	78.9	7.5

数据来源：国家新闻出版署印刷业年检数据

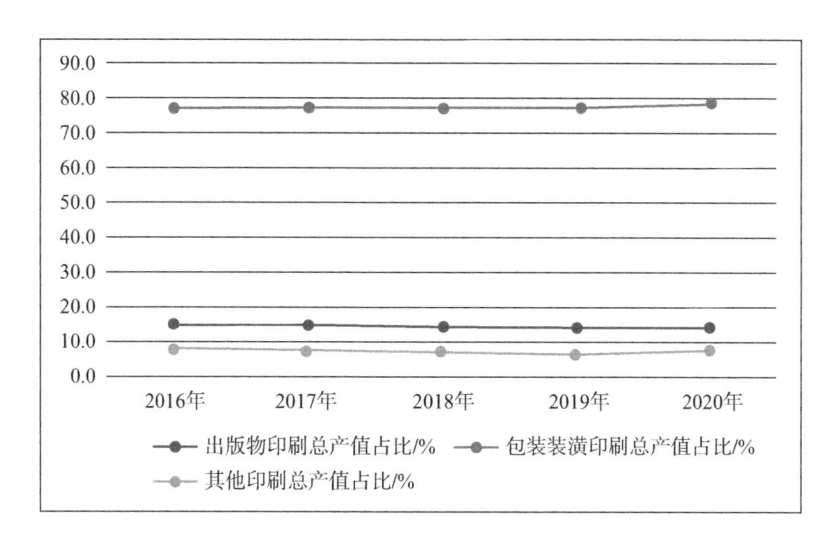

图 16-11　印刷业总产值各部分占比

如表 16-28 和图 16-12 所示，2016—2020 年，出版物印刷增加值占比下降，包装装潢印刷增加值占比上升，其他印刷增加值占比下降。

表 16-28　印刷业增加值构成　　　　　　　　　　单位：%

年度	出版物印刷增加值占比	包装装潢印刷增加值占比	其他印刷增加值占比
2016	18.0	74.3	7.7
2017	17.5	75.2	7.4
2018	17.7	75.5	6.8
2019	16.5	76.7	6.8
2020	14.4	79.2	6.4

数据来源：国家新闻出版署印刷业年检数据

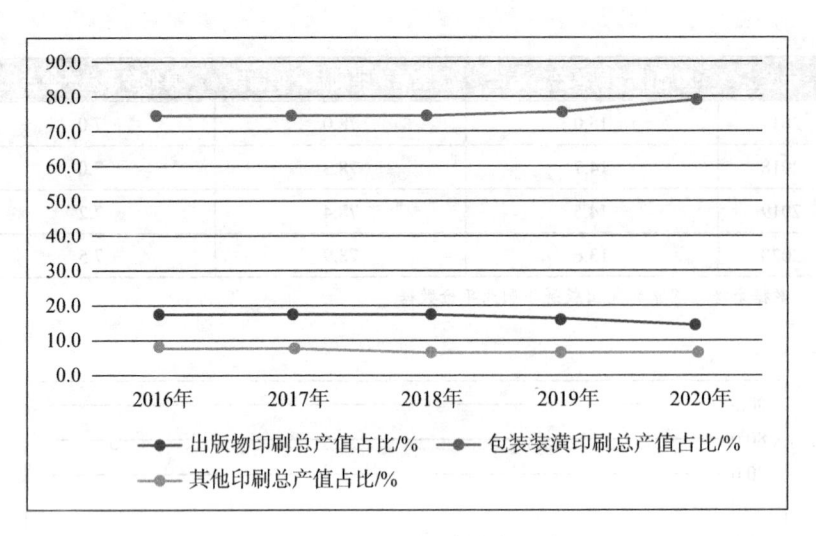

图 16-12　印刷业增加值各部分占比

表索引

表 1-1　2015—2019 年我国印刷业总产值及增长情况
表 1-2　印刷业营业收入构成及增长率
表 2-1　规模以上工业企业主要经济指标
表 2-2　规模以上工业企业主要经济指标增长率
表 2-3　规模以上工业企业主要效益指标
表 2-4　规模以上印刷企业主要经济指标
表 2-5　规模以上印刷企业主要经济指标增长率
表 2-6　规模以上印刷企业主要效益指标
表 2-7　规模以上印刷企业主要经济指标占工业企业的比重
表 2-8　规模以上印刷企业主要经济指标增长率之差
表 2-9　规模以上印刷企业主要经济效益指标之差
表 3-1　国有及国有控股工业企业主要经济指标
表 3-2　国有及国有控股工业企业主要经济指标增长率
表 3-3　国有及国有控股工业企业主要效益指标
表 3-4　国有及国有控股印刷企业主要经济指标
表 3-5　国有及国有控股印刷企业主要经济指标增长率
表 3-6　国有及国有控股印刷企业主要效益指标
表 3-7　国有及国有控股印刷企业主要经济指标占工业企业的比重
表 3-8　国有及国有控股印刷企业主要经济指标增长率
表 3-9　国有及国有控股印刷企业主要经济效益指标之差
表 4-1　民营工业企业主要经济指标
表 4-2　民营工业企业主要经济指标增长率
表 4-3　民营工业企业主要经济效益指标

表 4-4　民营印刷企业主要经济指标
表 4-5　民营印刷企业主要经济指标增长率
表 4-6　民营印刷企业主要效益指标
表 4-7　民营印刷企业主要经济指标占民营工业企业的比重
表 4-8　民营印刷企业与民营工业企业主要经济指标增长率之差
表 4-9　民营印刷企业主要经济效益指标之差
表 5-1　外商投资工业企业主要经济指标
表 5-2　外商投资工业企业主要经济指标增长率
表 5-3　外商投资工业企业主要经济效益指标
表 5-4　外商投资印刷企业主要经济指标
表 5-5　外商投资印刷企业主要经济指标增长率
表 5-6　外商投资印刷企业主要效益指标
表 5-7　外商投资印刷企业主要经济指标占外商投资工业企业的比重
表 5-8　外商投资印刷企业与外商投资工业企业主要经济指标增长率之差
表 5-9　外商投资印刷企业主要经济效益指标之差
表 6-1　大中型工业企业主要经济指标
表 6-2　大中型工业企业主要经济指标增长率
表 6-3　大中型工业企业主要经济效益指标
表 6-4　大中型印刷企业主要经济指标
表 6-5　大中型印刷企业主要经济指标增长率
表 6-6　大中型印刷企业主要效益指标
表 6-7　大中型印刷企业主要经济指标占大中型工业企业的比重
表 6-8　大中型印刷企业与大中型工业企业主要经济指标增长率之差
表 6-9　大中型印刷企业与大中型工业企业主要经济效益指标之差
表 7-1　工业生产者出厂价格指数
表 7-2　工业增加值增长率
表 7-3　印刷业增加值增长率
表 7-4　工业出口交货值及增长率
表 7-5　印刷业出口交货值及增长率
表 7-6　企业及亏损企业数
表 7-7　印刷业亏损企业数及增长率

表 8-1　工业企业与印刷和记录媒介复制业流动资产及增长率
表 8-2　工业企业与印刷和记录媒介复制业应收账款及增长率
表 8-3　工业企业与印刷和记录媒介复制业存货及增长率
表 8-4　工业企业与印刷和记录媒介复制业产成品及增长率
表 8-5　工业企业与印刷和记录媒介复制业总资产及增长率
表 8-6　工业企业与印刷和记录媒介复制业总负债及增长率
表 8-7　工业企业与印刷和记录媒介复制业营业收入及增长率
表 8-8　工业企业与印刷和记录媒介复制业营业成本及增长率
表 8-9　工业企业与印刷和记录媒介复制业销售费用及增长率
表 8-10　工业企业与印刷和记录媒介复制业管理费用及增长率
表 8-11　工业企业与印刷和记录媒介复制业财务费用及增长率
表 8-12　工业企业与印刷和记录媒介复制业营业利润及增长率
表 8-13　工业企业与印刷和记录媒介复制业利润总额及增长率
表 8-14　工业企业与印刷和记录媒介复制业平均用工人数及增长率
表 9-1　北京市规模以上印刷企业主要经济指标
表 9-2　北京市规模以上印刷企业主要经济指标增长率
表 9-3　北京市规模以上国有及国有控股印刷企业主要经济指标
表 9-4　北京市规模以上国有及国有控股印刷企业主要经济指标增长率
表 9-5　北京市港澳台及外商投资印刷企业主要经济指标
表 9-6　北京市港澳台及外商投资印刷企业主要经济指标增长率
表 9-7　北京市大中型印刷企业主要经济指标
表 9-8　北京市大中型印刷企业主要经济指标增长率
表 10-1　山东省规模以上印刷企业主要经济指标
表 10-2　山东省规模以上印刷企业主要经济指标增长率
表 10-3　山东省规模以上国有及国有控股印刷企业主要经济指标
表 10-4　山东省规模以上国有及国有控股印刷企业主要经济指标增长率
表 10-5　山东省港澳台及外商投资印刷企业主要经济指标
表 10-6　山东省港澳台及外商投资印刷企业主要经济指标增长率
表 10-7　山东省规模以上民营印刷企业主要经济指标
表 10-8　山东省规模以上民营印刷企业主要经济指标增长率
表 11-1　河南省规模以上印刷企业主要经济指标

表 11-2　河南省规模以上印刷企业主要经济指标增长率
表 11-3　河南省规模以上国有及国有控股印刷企业主要经济指标
表 11-4　河南省规模以上国有及国有控股印刷企业主要经济指标增长率
表 11-5　河南省规模以上公有制印刷企业主要经济指标
表 11-6　河南省规模以上公有制印刷企业主要经济指标增长率
表 11-7　河南省规模以上民营印刷企业主要经济指标
表 11-8　河南省规模以上民营印刷企业主要经济指标增长率
表 12-1　广东省规模以上印刷企业主要经济指标
表 12-2　广东省规模以上印刷企业主要经济指标增长率
表 12-3　广东省规模以上国有控股印刷企业主要经济指标
表 12-4　广东省规模以上国有控股印刷企业主要经济指标增长率
表 12-5　广东省规模以上股份制印刷企业主要经济指标
表 12-6　广东省规模以上股份制印刷企业主要经济指标增长率
表 12-7　广东省规模以上"三资"印刷企业主要经济指标
表 12-8　广东省规模以上"三资"印刷企业主要经济指标增长率
表 12-9　广东省规模以上民营印刷企业主要经济指标
表 12-10　广东省规模以上民营印刷企业主要经济指标增长率
表 12-11　广东省规模以上大中型印刷企业主要经济指标
表 12-12　广东省规模以上大中型印刷企业主要经济指标增长率
表 13-1　浙江省规模以上印刷企业主要经济指标
表 13-2　浙江省规模以上印刷企业主要经济指标增长率
表 13-3　浙江省规模以上国有控股印刷企业主要经济指标
表 13-4　浙江省规模以上国有控股印刷企业主要经济指标增长率
表 13-5　浙江省规模以上"三资"印刷企业主要经济指标
表 13-6　浙江省规模以上"三资"印刷企业主要经济指标增长率
表 13-7　浙江省规模以上民营印刷企业主要经济指标
表 13-8　浙江省规模以上民营印刷企业主要经济指标增长率
表 13-9　浙江省规模以上大中型印刷企业主要经济指标
表 13-10　浙江省规模以上大中型印刷企业主要经济指标增长率
表 14-1　江苏省规模以上印刷企业主要经济指标
表 14-2　江苏省规模以上印刷企业主要经济指标增长率

表 14-3　江苏省规模以上国有控股印刷企业主要经济指标

表 14-4　江苏省规模以上国有控股印刷企业主要经济指标增长率

表 14-5　江苏省规模以上"三资"印刷企业主要经济指标

表 14-6　江苏省规模以上"三资"印刷企业主要经济指标增长率

表 14-7　江苏省规模以上民营印刷企业主要经济指标

表 14-8　江苏省规模以上民营印刷企业主要经济指标增长率

表 14-9　江苏省规模以上大中型印刷企业主要经济指标

表 14-10　江苏省规模以上大中型印刷企业主要经济指标增长率

表 15-1　简化的投入产出比表

表 15-2　印刷业相关行业的直接消耗系数

表 15-3　印刷业相关行业的完全消耗系数

表 15-4　印刷业相关行业的直接分配系数

表 15-5　印刷业相关行业的完全分配系数

表 15-6　各产业的影响力系数和感应度系数

表 15-7　2007年各产业分类表

表 15-8　各产业的影响力系数和感应度系数

表 15-9　2012年各产业分类表

表 15-10　各产业的影响力系数和感应度系数

表 15-11　2017年各产业分类表

表 16-1　出版物印刷主要指标

表 16-2　出版物印刷主要指标增长率

表 16-3　2016年出版物印刷五强省、市

表 16-4　2017年出版物印刷五强省、市

表 16-5　2018年出版物印刷五强省、市

表 16-6　2019年出版物印刷五强省、市

表 16-7　2020年出版物印刷五强省、市

表 16-8　2016年出版物印刷区域分布

表 16-9　2017年出版物印刷区域分布

表 16-10　2018年出版物印刷区域分布

表 16-11　2019年出版物印刷区域分布

表 16-12　2020年出版物印刷区域分布

表 16-13　包装装潢印刷主要指标
表 16-14　包装装潢印刷主要指标增长率
表 16-15　2016 年包装装潢印刷五强省、市
表 16-16　2017 年包装装潢印刷五强省、市
表 16-17　2018 年包装装潢印刷五强省、市
表 16-18　2019 年包装装潢印刷五强省、市
表 16-19　2020 年包装装潢印刷五强省、市
表 16-20　2016 年包装装潢印刷区域分布
表 16-21　2017 年包装装潢印刷区域分布
表 16-22　2018 年包装装潢印刷区域分布
表 16-23　2019 年包装装潢印刷区域分布
表 16-24　2020 年包装装潢印刷区域分布
表 16-25　其他印刷主要指标
表 16-26　其他印刷主要指标增长率
表 16-27　印刷业总产值构成
表 16-28　印刷业增加值构成

图索引

图 2-1　规模以上工业企业主要效益指标

图 2-2　规模以上印刷企业主要效益指标

图 3-1　国有及国有控股工业企业主要效益指标

图 3-2　国有及国有控股印刷企业主要效益指标

图 4-1　民营工业企业主要经济效益指标

图 4-2　民营印刷企业主要效益指标

图 5-1　外商投资工业企业主要经济效益指标

图 5-2　外商投资印刷企业主要效益指标

图 6-1　大中型工业企业主要经济效益指标

图 6-2　大中型印刷企业主要效益指标

图 7-1　工业生产者出厂价格指数

图 7-2　工业增加值增长率

图 7-3　印刷业增加值增长率

图 7-4　工业出口交货值增长率

图 7-5　印刷业出口交货值增长率

图 7-6　亏损企业亏损总额累计增长率

图 7-7　印刷业亏损企业数增长率

图 8-1　工业企业与印刷和记录媒介复制业流动资产增长率

图 8-2　工业企业与印刷和记录媒介复制业应收账款增长率

图 8-3　工业企业与印刷和记录媒介复制业存货增长率

图 8-4　工业企业与印刷和记录媒介复制业产成品增长率

图 8-5　工业企业与印刷和记录媒介复制业总资产增长率

图 8-6　工业企业与印刷和记录媒介复制业总负债增长率

图 8-7　工业企业与印刷和记录媒介复制业营业收入增长率

图 8-8　工业企业与印刷和记录媒介复制业营业成本增长率

图 8-9　工业企业与印刷和记录媒介复制业销售费用增长率

图 8-10　工业企业与印刷和记录媒介复制业管理费用增长率

图 8-11　工业企业与印刷和记录媒介复制业财务费用增长率

图 8-12　工业企业与印刷和记录媒介复制业营业利润增长率

图 8-13　工业企业与印刷和记录媒介复制业利润总额增长率

图 8-14　工业企业与印刷和记录媒介复制业平均用工人数增长率

图 15-1　2007 年印刷业的关联交叉分析

图 15-2　2012 年印刷业的关联交叉分析

图 15-3　2017 年印刷业的关联交叉分析

图 16-1　2016 年出版物印刷增加值区域分布

图 16-2　2017 年出版物印刷增加值区域分布

图 16-3　2018 年出版物印刷增加值区域分布

图 16-4　2019 年出版物印刷增加值区域分布

图 16-5　2020 年出版物印刷增加值区域分布

图 16-6　2016 年包装装潢印刷增加值区域分布

图 16-7　2017 年包装装潢印刷增加值区域分布

图 16-8　2018 年包装装潢印刷增加值区域分布

图 16-9　2019 年包装装潢印刷增加值区域分布

图 16-10　2020 年包装装潢印刷增加值区域分布

图 16-11　印刷业总产值各部分占比

图 16-12　印刷业增加值各部分占比